独検●合格
4週間 neu
5級

在間 進
亀ヶ谷昌秀
共著

第三書房

装丁・イラスト：みなみのなおこ

財団法人ドイツ語学文学振興会許諾出版物

本書を使われるみなさんへ

　本書は，ドイツ語技能検定試験（通称：独検）5 級の対策本『独検合格 4 週間《5 級》』の改訂版です。今回の改訂に際し，以下の二つの工夫を施しました。

　その一つは，出題問題の構成の変更です。5 級の試験内容は，以下の 8 つの大問と聞き取りから成っています。右側の（　）内は，大問のそれぞれの出題ポイント。

大問 1（動詞の現在人称変化）

大問 2（名詞・冠詞・人称代名詞・疑問詞）

大問 3（語彙力）　　　　　　　　大問 4（発音・アクセント）

大問 5（会話の場面理解）　　　　大問 6（会話文の完成）

大問 7（文章の内容把握）　　　　大問 8（重要情報の読み取り）

　しかし，これらを出題ポイントに基づいて区分すると，以下の 3 つになります。

　　①単語に関するもの（大問 3，大問 4（ただし小問(4)は文アクセント））

　　②文法に関するもの（大問 1，大問 2）

　　③テキストに関するもの（大問 5〜大問 8，聞き取り）

　したがって，本書では，出題問題の順序よりも，学習上の効果を重視し，全体を単語編と文法編とテキストに関する実践編の 3 つに分けることにしました。また，模擬テストは，その目的に基づき，実践編の一つになりますので，本書の最終構成は，以下のようになります。

A　単語編

　　第 1 章　発音・アクセント　　　　　　　　（大問 4 に対応）

　　第 2 章　語彙力　　　　　　　　　　　　　（大問 3 に対応）

B　文法編

　　第 3 章　動詞の現在人称変化　　　　　　　（大問 1 に対応）

　　第 4 章　名詞，冠詞，人称代名詞，疑問詞　（大問 2 に対応）

C　実践編

第5章　会話編　　　　　　　　　（大問 5，大問 6 に対応）

第6章　読解編　　　　　　　　　（大問 6，大問 7 に対応）

第7章　聞き取り編

第8章　総仕上げ（模擬テスト）

　工夫のもう一つは，5級レベルよりもさらに**基礎的な文法事項**を扱う基礎問題の頁を設けたことです。対策本としてのノウハウ的面も，従来通り重視しましたが，実力に基づく「真の合格」のためには，基礎的な文法規則も一つひとつ確実に身に付けていくことが必要だと考えたからなのです。

　他方，5級での出題対象にならない**前置詞句**も，本番の設問文や出題テキストでかなりの程度使われます。したがって，前置詞句に関する特別な対策頁を設けましたので（→98頁），ざっとで良いので，目を通しておいてもらえればと思います。

　各章の設問は，本番の試験に慣れるため，過去の実際の出題形式に準じて作成しました。【過去問題】と表記したものは，実際に出題された過去問（出題文末尾の (2016年度夏期) などの表示は出題年度と時期），【対策問題】と表記したものは，過去問に基づき，私たちが作成した予想問題です。

　なお，各設問はそれぞれ明確な出題意図のもとで作られていますので，「解説と解答」の前に，注意すべき点を【確認ポイント】として示しました。ただし，実践編では，文法事項よりも，テキストの理解などが問題になるため，【確認ポイント】ではなく，【解答ポイント】として示すことにしました。また，各設問の頁末尾には簡単な対策メモも記載しておきました。

　過去の独検5級の出題をあらゆる観点から分析し，どのような点に注意すれば合格できるかを十分に検討した結果が本書です。みなさんの独検5級合格に本書が少しでもお役に立てれば幸いです。

2017年12月

著者

独検5級（Elementarstufe）の検定基準及び受験情報

　独検を主催している財団法人ドイツ語学文学振興会が公表している5級の審査基準は以下の通りです。

- -

■ 初歩的なドイツ語を理解し，日常生活でよく使われる簡単な表現や文が運用できる。

■ 挨拶の表現が適切に使える。自分や他人を簡単に紹介することができる。
　広告やパンフレットなどの短い文の中心的内容が理解できる。
　必要に応じて簡単な数字やキーワードを書き取ることができる。

■ 対象は，ドイツ語の授業を約30時間（90分授業で20回）以上受講しているか，これと同じ程度の学習経験のある人。

■ 語彙550語。

- -

　なお，試験（筆記：素点78点，聞き取り：素点30点）の合格最低点は，100点満点換算で，2016年度夏期は **75.00**，冬期は **61.11** でした。このように合格最低点に変動が生じるのは，試験問題の難易度がその都度少しずつ異なるためと考えられます。本書の模擬テストについては，100点満点換算で65点以上を目指しましょう（何度，挑戦してもかまいません）。

　振興会の発行する「過去問題集」の2016年度版からは，「ここがポイント！」という枠記事が設けられ，出題ポイントが書かれるようになりました。しかし，これらは当該試験に関するもののみですので，別途，2008年度秋期以降の試験内容を整理した過去問冊子を本書に折り込むことにしました。ご利用いただけたらと思います。

　なお，試験日程，実施要領の入手方法などについては，独検事務局のサイト http://www.dokken.or.jp/ をご覧ください。また，第三書房のホームページには，私たち独自の「独検情報」を載せてありますので，こちらもご覧いただければ幸いです（http://www.daisan-shobo.co.jp/news/n5226.html）。

目　次

本書を使われるみなさんへ.. 1
独検 5 級(Elementarstufe)の検定基準及び受験情報.................... 3

A　単語編 6

第 1 週　第 1 章　音声 7

1 日目　　発音(つづりの読み方) 8
2 日目　　アクセント(強勢)の位置 13
3 日目　　母音の長短(1) ― 基本規則 17
4 日目　　母音の長短(2) ― 細則 21
5 日目　　文アクセント(1) ― 補足疑問文の場合 24
6 日目　　文アクセント(2) ― 決定疑問文の場合 27

第 2 章　意味 31

7 日目　　語彙力 32

B　文法編 36

第 3 章　動詞の現在人称変化 37

第 2 週　8 日目-A　主語の人称代名詞 38
　　　　　-B　人称代名詞(主語)と動詞の形 40
確認学習　文の種類 42

9 日目-A　規則変化動詞 43
　　　-B　主語が「人」を表す名詞の場合 46
補足学習　「人」を表す名詞を受ける人称代名詞 49

10 日目　口調上の e 50
11 日目　末尾が -s / -ß / -z/ -tz の動詞 53
12 日目　不規則変化動詞 56
13 日目　動詞 sein と haben 61
14 日目　接続詞 und の後ろの動詞 64
第 3 週　15 日目　実際の出題形式 67
確認学習　主語と動詞の関係をしっかり把握しよう！ 71
確認学習　会話文に慣れよう！ 72

4

第4章		名詞，冠詞，人称代名詞，疑問詞	73
	16日目	文法上の性	74
	17日目	格（1格と4格）と定冠詞	77
	18日目	格（1格と4格）と不定冠詞	80
	19日目	格（1格と4格）と所有冠詞	83
	余裕学習	名詞の複数形	86
	20日目	人称代名詞の格形	88
	21日目	3人称の人称代名詞	92
第4週	22日目	疑問詞	95
	余裕学習	前置詞	98
	余裕学習	読んでみよう！（名詞の形）	102

C	実践編		106
	第5章	会話編	107
	23日目	会話力（1）— 会話場面の特定	108
	24日目	会話力（2）— 会話文の完成	118
	第6章	読解編	124
	25日目	読解力（1）— 内容把握	125
	26日目	読解力（2）— 情報の読み取り	130
	《聞き取り問題を前にして》		134
	第7章	聞き取り編	135
	27日目	聞き取り試験	136
	第8章	総仕上げ（模擬テスト）	143
	28日目	模擬テスト	144
	あとがき		154

コラム	月名のアクセント	15	ドイツ語と英語の関係	105
	文アクセントと語順	30	話法の助動詞	115
	Ente wo?	42	命令文	117
	複数形や前置詞の対処法	104		

5

A　単語編

第1章　音声
第2章　意味

注記

　本書では，単語の発音表記に，以下のように，**カナ表記**を使います。アクセントのある部分（強く読む部分）は太字で，また長音は「－」で示します。

　　Engel　[**エ**ンゲル]　天使　　　Name　[**ナ**ーメ]　名前

　もちろん発音表記として**国際音声記号**（IPA）を使い，より正確な発音を示すこともできます。例えば，Element（「要素」）の三つの e は，音声学上，異なった音声なので，IPA を使えば，これらを |e|, |ə|, |ɛ| と表記し分けることはできます。しかし，独検では，— 少なくとも 5 級では — このような**学術的知識**が問われることはなく，これらはすべて［エ］という一つの同一音声として扱われます。要するに，「発音問題」で問われるのは，ドイツ人が発する音声そのものではなく，学校で教える発音，すなわち**つづり**の**一般的な読み方**なのです。

　なお，ドイツ語のつづりは，日本語の**ローマ字**のように，音声を表す**表音文字**です。したがって，つづりを見れば，「おおよそ」の発音は知ることができますし，細かな「ずれ」も，日本語のカナ表記によって効率よく補充することができます。このことも，本書でカナ表記を使う一つの理由です。

　（カナ表記の発音でもドイツ人には十分に通じます。ドイツ語が上手だとほめられるのも嬉しいですが，「下手なドイツ語で」でも，ドイツ語母語話者などと心の通じ合う会話ができたら，それはそれで嬉しいことではありませんか？）

第1章

音 声
（独検では大問 4）

1日目　　発音（つづりの読み方）

2日目　　アクセント（強勢）の位置

　コラム：月名のアクセント

3日目　　母音の長短（1）― 基本規則

4日目　　母音の長短（2）― 細則

5日目　　文アクセント（1）― 補足疑問文の場合

6日目　　文アクセント（2）― 決定疑問文の場合

　コラム：文アクセントと語順

注　ある語が文中で最も強調して発音される場合，その語は
「文アクセント」を担うと言います。

注記 ────

　第1章では，音声に関するものを扱います。なお，6頁の注記で書きましたように，
「発音」の出題は，実質上，**つづり**（あるいは「つづり字」；以降，「つづり」で統一）
の読み方を問うものです。したがって，両者を併記した方がよいところでは，「発音（つ
づりの読み方）」のように併記し，解説も，厳密な意味での「発音」というよりも，「つ
づりの読み方」に重点を置いたのものになっています。

第 1 週 1 日目

発音(つづりの読み方)

月　　日

過去問題 下線部の発音が他と異なるものを，下の **1〜4** のうちから選び，その番号を解答欄に記入しなさい。(2016 年度夏期)

1　a<u>b</u>er　　2　<u>b</u>lau　　3　hal<u>b</u>　　4　sie<u>b</u>en

解答欄 □

確認ポイント

- □ ドイツ語の発音(つづりの読み方)はローマ字と基本的に同じ。
- □ ローマ字と異なるドイツ語特有のものが主な出題対象になる。

解説と解答

　設問はつづりの **b** の読み方を問うものです。日本語のローマ字の場合，b は常に母音と一緒に使いますが(ba「バ」, bi「ビ」, bu「ブ」など)，ドイツ語の場合，選択肢の blau のように子音の前にも，halb のように単語の末尾でも使います。末尾に置かれた b の読み方は「プ」(音声記号 [p]) になります。

　設問の単語の読み方と意味は，以下の通りです。

1　aber　　　［アーバー］　　しかし
2　blau　　　［ブラオ］　　　青い
3　halb　　　［ハルプ］　　　半分の
4　sieben　　［ズィーベン］　7 (数字)

末尾の b は「プ」だよ！

したがって，正解は 3。

ドイツ語特有のつづりの読み方は，決して多くないので，必ず点数の取れる設問です。なお，語末で読み方が異なるつづりとして，**b** と **d** と **g** がありますが，b は 2017 年度夏期でも，また，d は 2015 年度春期に，g は 2015 年度秋期に出題されています。母音が出題されたのは，2011 年から今年度までの間で，ie と eu / äu の読み方を扱った 2 回のみです(→「過去問冊子」6 頁)。したがって，母音より子音の読み方に力を入れて準備する方が良いと思います。

8

対策学習 ・・・・・・・・・・・ つづりの読み方 ・・・・・・・・・・・・

注 名詞には，「文法上の性」があり，男性名詞（定冠詞 der ［デア］と結びつく），女性名詞
（die ［ディー］と結びつく），中性名詞（das ［ダス］と結びつく）に分類されます（→ 74 頁）。
したがって，以下では，男性名詞の場合は *der* を，女性名詞の場合は *die* を，中性名詞の
場合は *das* を付けて，「文法上の性」を示すことにします。

☆つづりが異なっても読み方が同じ単語（以下の 1）とつづりが同じでも読み方が
異なる単語（以下の 2）が出題の対象になります。

1 つづりが異なっているが，読み方が同じもの

《母音》

> ai よりも ei の単語の方が
> 圧倒的に多いのです。

① **ei** は，**ai** と同じように，［アイ］。

□ M**ai**	*der*	□ ［**マイ**］	5 月
□ **Ei**	*das*	□ ［**アイ**］	卵
□ arb**ei**ten		□ ［アルバ**イ**テン］	働く
□ kl**ei**n		□ ［ク**ライ**ン］	小さい

② **eu** と **äu** は共に ［オイ］ ！

□ Fr**eu**nd	*der*	□ ［フ**ロイ**ント］	友人
□ h**eu**te		□ ［**ホイ**テ］	きょう
□ Geb**äu**de	*das*	□ ［ゲ**ボイ**デ］	建物
□ tr**äu**men		□ ［ト**ロイ**メン］	夢を見る

注 blau の **au** は，ローマ字に従えば，［アウ］と表記すべきなのですが，ドイツ語の母音
u は，日本語の ［ウ］よりも ［オ］に近いため，au は ［アオ］と表記します。
auch 　　［**アオ**ホ］ …も
Auto *das* ［**アオ**ト］ 車

《子音》

① **z** と **tz** と語末の **-ds** / **-ts** は ［ツ］。

□ **Z**immer	*das*	□ ［**ツ**ィムマー］	部屋
□ Ka**tz**e	*die*	□ ［**カッツ**ェ］	猫
□ aben**ds**		□ ［アーベン**ツ**］	晩に
□ nach**ts**		□ ［ナハ**ツ**］	夜に

9

② **sch** および語頭の **sp-** / **st-** の **s** は［シュ］。

□ **Sch**wester	*die*	□［シュヴェスター］	姉〈妹〉*	⎤
□ Men**sch**	*der*	□［メンシュ］	人間	⎦ sch
□ **Sp**ort	*der*	□［シュポルト］	スポーツ	← sp
□ **St**udent	*der*	□［シュトゥデント］	学生	← st

*〈　〉＝あるいは

2 つづりが同じだが，読み方が異なるもの

《母音》

ie は，［イー］と読む（→ 22 頁）以外に，外来語の場合，［イエ］と読むことがある。

□ l**ie**ben		□［リーベン］	愛する
□ h**ie**r		□［ヒーア］	ここ
□ Famil**ie**	*die*	□［ファミーリエ］	家族
□ Lin**ie**	*die*	□［リーニエ］	線

《子音》

① 語末で，読み方が異なるもの —**b** と **d** と **g** は語末で［プ］，［ト］，［ク］。

□ Urlau**b**	*der*	□［ウーアラオプ］	休暇	⎤ -b
□ gel**b**		□［ゲルプ］	黄色い	⎦
□ Freun**d**	*der*	□［フロイント］	友人	⎤ -d
□ Gel**d**	*das*	□［ゲルト］	お金	⎦
□ Ta**g**	*der*	□［ターク］	日	⎤ -g
□ We**g**	*der*	□［ヴェーク］	道	⎦

② 母音の前かどうかで読み方が異なるもの —**s** は，基本的に［ス］，ただし，母音の前で［ザ／ズィ／ズ／ゼ／ゾ］。

□ ge**s**tern		□［ゲスターン］	昨日
□ Ob**s**t	*das*	□［オープスト］	果物
□ **s**ingen		□［ズィンゲン］	歌う
□ **S**ohn	*der*	□［ゾーン］	息子
□ **S**uppe	*die*	□［ズッペ］	スープ

注1 語末は必ず［ス］：Haus *das* ［ハオ**ス**］「家」。

注2 **ss**, **ß** は常に［ス］。

| Wasser | *das* | ［ヴァッ**サー**］ | 水 |
| Straße | *die* | ［シュトラー**セ**］ | 通り |

注3 s を含む **sch**, 語頭の **sp-** / **st-** の s は［シュ］；→ 1 の《子音》の②。

Fi**sch**	*der*	［フィッ**シュ**］	魚
Sprache	*die*	［**シュ**プラーヘ］	言語
Student	*der*	［**シュ**トゥデント］	学生

③ **前に来る母音によって読み方が異なるもの** — **ch** は母音 a, o, u, au の後ろにある場合は［ハ／ホ／フ］，それ以外の場合［ヒ］。

《ハ／ホ／フ》

☐ Na**ch**t	*die*	☐［ナ**ハ**ト］	夜
☐ ko**ch**en		☐［コッ**ヘ**ン］	料理する
☐ Bu**ch**	*das*	☐［ブー**フ**］	本
☐ rau**ch**en		☐［ラオ**ヘ**ン］	タバコを吸う

《ヒ》

| ☐ re**ch**ts | | ☐［レ**ヒ**ツ］ | 右に |
| ☐ Mil**ch** | *die* | ☐［ミル**ヒ**］ | ミルク |

注1 ch を含む **chs** は［クス］，**sch** は「シュ」，**tsch** は「チュ」。

se**chs**	［ゼ**クス**］	6（数字）
schön	［**シェ**ーン］	美しい
Deu**tsch**	*das*	［ドイ**チュ**］	ドイツ語

注2 語末の **-ig** は［イヒ］：zwanzig［ツヴァンツィ**ヒ**］「20」。

④ **外来語かどうかで読み方が異なるもの** — **v** は，通常，［ファ／フィ／フ／フェ／フォ］，外来語の一部は［ヴァ／ヴィ／ヴ／ヴェ／ヴォ］。

☐ **V**ater	*der*	☐［**ファ**ーター］	父
☐ **V**ogel	*der*	☐［**フォ**ーゲル］	鳥
☐ **v**ier		☐［**フィ**ーア］	4（数字）
☐ **V**ase	*die*	☐［**ヴァ**ーゼ］	花瓶
☐ Kla**v**ier	*das*	☐［クラ**ヴィ**ーア］	ピアノ

注 つづりとして読む h（**h**ören［**ヘ**ーレン］「聞く」の h）と長音を示す h（ge**h**en［ゲーエン］「行く」の h；→ 22 頁）を区別させる出題もありました。

11

実戦トレーニング

次の条件にあてはまるものが各組に一つずつあります。それを下の1〜4のうちから選び，番号を解答欄に記入しなさい。

(1) 下線部の発音(読み方)が他と異なる。

1 **Eu**ro
ユーロ

2 Fr**eu**nd
友人

3 Mus**eu**m
博物館

4 L**eu**te
人々

解答欄 ☐

(2) 下線部の発音(読み方)が他と異なる。

1 Pap**ie**r
紙

2 Famil**ie**
家族

3 B**ie**r
ビール

4 L**ie**be
愛

解答欄 ☐

(3) 下線部の発音(読み方)が他と異なる。

1 Stu**d**ent
学生

2 Han**d**
手

3 Er**d**beben
地震

4 Sta**dt**
都市

解答欄 ☐

(4) 下線部の発音(読み方)が他と異なる。

1 **G**eld
お金

2 We**g**
道

3 **G**las
グラス

4 Fra**g**e
質問

解答欄 ☐

(5) 下線部の発音(読み方)が他と異なる。

1 Hau**s**
家

2 Wa**ss**er
水

3 Fu**ß**
足

4 **S**ohn
息子

解答欄 ☐

(6) 下線部の発音(読み方)がVase「花瓶」のvと同じである。

1 Uni**v**ersität
大学

2 **V**ater
父

3 **v**iel
多くの

4 **V**ogel
鳥

解答欄 ☐

(7) 下線部の発音(読み方)がich「私は」のchと同じである。

1 au**ch**
…も

2 Na**ch**t
夜

3 Mil**ch**
ミルク

4 besu**ch**en
訪ねる

解答欄 ☐

12

第 1 週 2 日目

2日目　アクセント(強勢)の位置

月　　日

> **対策問題**　下線部にアクセント(強勢)がないものを，下の 1〜4 のうちから選び，その番号を解答欄に記入しなさい。
>
> 1　M<u>ä</u>dchen　2　g<u>e</u>stern　3　M<u>u</u>sik　4　J<u>a</u>pan
>
> 解答欄　□

 確認ポイント

- □ アクセントの位置は，原則的に，第 1 音節(語の最初の母音)。
- □ 第 1 音節にアクセントがあるかないかが最初のチェックポイント。
- □ 外来語には，アクセントが第 1 音節でない語が多い。

解説と解答

　設問は最初の母音(第 1 音節：Mä..，ge..，Mu..，Ja..)にアクセントがあるかないかを問うものです。アクセントは第 1 音節にあるのが原則ですから，通常，アクセントが第 1 音節にない単語を選ぶことになります。

　設問の単語の発音(アクセントの位置)と意味は以下の通りです。

1	Mädchen	*das*	［メートヒェン］	(第 1 音節)	女の子
2	gestern		［ゲスターン］	(第 1 音節)	昨日
3	Musik	*die*	［ムズィーク］	(第 2 音節)	音楽
4	Japan	(国名)	［ヤーパン］	(第 1 音節)	日本

　下線部にアクセントがないのは Musik (外来語的ですね；＝英 *music*)。したがって，正解は 3。

まず，選択肢のアクセントがある音節に印を付け，次に，アクセントと下線部が一致しているもの(アクセントがある)と一致していないもの(アクセントない)を確認することを勧めます。

13

対策学習 ……… アクセント（強勢）………………

☆<u>アクセント</u>は原則的に<u>第1音節</u>に置かれますが，アクセントが第1音節にない主なものには，特定の<u>前つづり</u>を持つものと<u>外来語</u>があります。

1 アクセントが置かれない<u>前つづり</u>

| **be-**／Be- | **emp-**／Emp- | **ent-**／Ent- | **er-**／Er- |
| **ge-**／Ge- | **ver-**／Ver- | **zer-**／Zer- | |

- □ **Be**ruf　　　　　der　　□ [ベルーフ]　　　　　　　職業
- □ **be**suchen　　　　　　　□ [ベズーヘン]　　　　　　訪問する
- □ **emp**fehlen　　　　　　　□ [エンプフェーレン]　　　推薦する
- □ **ent**decken　　　　　　　□ [エントデッケン]　　　　発見する
- □ **Er**folg　　　　der　　□ [エアフォルク]　　　　　成功
- □ **Ge**müse　　　　das　　□ [ゲミューゼ]　　　　　　野菜
- □ **Ver**käuferin　die　　□ [フェアコイフェリン]　　女性店員
- □ **ver**stehen　　　　　　　□ [フェアシュテーエン]　　理解する
- □ **zer**stören　　　　　　　□ [ツェアシュテーレン]　　破壊する

2 第1音節にアクセントが置かれない<u>外来語</u>

- □ Adr**e**sse　　　　die　　□ [アドレッセ]　　　　　　住所
- □ Comp**u**ter　　　der　　□ [コンピューター]　　　　コンピュータ
- □ Eur**o**pa　　　　（地名）□ [オイローパ]　　　　　　ヨーロッパ
- □ Fam**i**lie　　　　die　　□ [ファミーリエ]　　　　　家族
- □ Nat**u**r　　　　　die　　□ [ナトゥーア]　　　　　　自然
- □ Restaur**a**nt　　das　　□ [レストラーン]　　　　　レストラン
- □ Universit**ä**t　die　　□ [ウニヴェルズィテート] 　大学

〈末尾が -**ei**／-**um** などで終わっている外来語〉

- □ Bäcker**ei**　　　die　　□ [ベッケライ]　　　　　　パン屋
- □ Poliz**ei**　　　　die　　□ [ポリツァイ]　　　　　　警察
- □ Mus**e**um　　　　das　　□ [ムゼーウム]　　　　　　博物館

14

〈語末が **-ieren** で終わる外来語動詞〉

☐ diskut**ieren**   ☐ ［ディスク**ティー**レン］   議論する

☐ stud**ieren**   ☐ ［シュトゥ**ディー**レン］   大学で学ぶ

☐ telefon**ieren**   ☐ ［テレフォ**ニー**レン］   電話をかける

注1 th, é のような，ドイツ語にないつづりを持つものは外来語。

Apo**th**eke	*die*	［アポ**テー**ケ］	薬局
Biblio**th**ek	*die*	［ビブリオ**テー**ク］	図書館
Ma**th**ematik	*die*	［マテマ**ティー**ク］	数学
Theater	*das*	［テ**アー**ター］	劇場
Caf**é**	*das*	［カ**フェー**］	喫茶店

注2 設問の Japan のように，第1音節にアクセントがある外来語もわずかながらあるので注意。

| Foto | *das* | ［**フォー**ト］ | 写真 |
| Publikum | *das* | ［**プー**ブリクム］ | 観衆 |

> **コラム**   **月名のアクセント**
>
> ☆**第1音節**にアクセントのある**月名**
>
> ☐ **Fe**bruar   ［**フェー**ブルアール］   2月
>
> ☐ **M**ärz   ［**メ**ルツ］   3月   }
>
> ☐ **Ma**i   ［**マ**イ］   5月   }   M
>
> ☐ **J**anuar   ［**ヤ**ヌアール］   1月   }
>
> ☐ **J**uni   ［**ユー**ニ］   6月   }   J
>
> ☐ **J**uli   ［**ユー**リ］   7月
>
> **注** 上掲の月名の頭文字はFとMとJですね。したがって，**FMJapan** は第1音節！と覚えるのが良いようです。
>
> ☆**第2音節**にアクセントのある**月名**
>
> ☐ Ap**r**il   ［アッ**プリ**ル］   4月
>
> ☐ Aug**u**st   ［ア**オグ**スト］   8月
>
> ☐ Sept**e**mber   ［ゼプ**テ**ンバー］   9月
>
> ☐ Okt**o**ber   ［オク**トー**バー］   10月
>
> ☐ Nov**e**mber   ［ノ**ヴェ**ンバー］   11月
>
> ☐ Dez**e**mber   ［デ**ツェ**ンバー］   12月

15

実戦トレーニング

次の条件にあてはまるものが各組に一つずつあります。それを下の**1〜4**のうちから選び，番号を解答欄に記入しなさい。

(1) 下線部にアクセント（強勢）が**ある**。

1 **O**nkel
おじ

2 B**e**nzin
ガソリン

3 B**a**nane
バナナ

4 G**e**müse
野菜

解答欄 □

(2) 下線部にアクセント（強勢）が**ない**。

1 **A**bend
晩

2 **A**pfel
リンゴ

3 M**o**rgen
朝

4 G**e**sicht
顔

解答欄 □

(3) 下線部にアクセント（強勢）が**ない**。

1 Spr**a**che
言語

2 St**u**dent
学生

3 Sch**u**le
学校

4 S**o**nntag
日曜日

解答欄 □

(4) 下線部にアクセント（強勢）が**ない**。

1 K**u**chen
ケーキ

2 T**e**nnis
テニス

3 L**e**hrer
先生

4 Pr**o**blem
問題

解答欄 □

(5) 下線部にアクセント（強勢）が**ある**。

1 Antw**o**rt
答

2 Nam**e**
名前

3 Hot**e**l
ホテル

4 Jan**u**ar
1月

解答欄 □

(6) 下線部にアクセント（強勢）が**ある**。

1 Wohn**u**ng
住まい

2 Restaur**a**nt
レストラン

3 Arb**ei**t
仕事

4 Disc**o**
ディスコ

解答欄 □

(7) 下線部にアクセント（強勢）が**ない**。

1 st**u**dieren
大学で学ぶ

2 l**e**sen
読む

3 f**i**nden
見つける

4 l**ä**cheln
ほほ笑む

解答欄 □

第 1 週 3 日目

3日目　母音の長短(1) ― 基本規則

月　　日

対策問題　下線部が長く発音されるものを，下の **1〜4** のうちから選び，その番号を解答欄に記入しなさい。

10

1　h<u>e</u>lfen　　2　w<u>a</u>rten　　3　l<u>e</u>sen　　4　k<u>o</u>mmen

解答欄　□

👉 確認ポイント

- □ 母音には長く発音するものと短く発音するものとがある（前者を**長母音**，後者を**短母音**と呼ぶ）。
- □ 母音の長短に関して，**つづり上の規則**がいくつかある。
- □ 後ろの**子音の数**に基づく規則が最も基本的。

解説と解答

　設問は下線部の母音が長母音なのか短母音なのかを問うものです。母音の長短に関するつづり上の**基本的な規則**は母音の後ろの**子音字の数**。すなわち，後ろの子音字が**一つ**ならば，その母音は**長母音**，後ろの子音字が**二つ以上**（特に同一の子音字の連続）ならば，その母音は**短母音**。

　選択肢の下線部の母音の後ろを見ると，1 は lf（二つ），2 は rt（二つ），3 は s のみ（一つ），4 は mm の同じ子音の連続（二つ）。したがって，**正解は 3**。

　なお，設問の単語の発音と意味は以下の通り。

1	helfen	［ヘルフェン］	手助けをする
2	warten	［ヴァルテン］	待つ
3	lesen	［レーゼン］	読む
4	kommen	［コㇺメン］	来る

💭 簡単ですね！

母音の長短には確かに例外もありますが，5 級の場合，この基本的な規則を覚えているかどうかが**まず**問われます。「母音の後ろの子音字の数を数えろ！」が第一の鉄則です。

17

対策学習 ·············· 母音の長短（1）·····························

☆前頁で，母音は，後ろの子音字が一つならば長母音，二つ以上ならば短母音という規則について述べました。以下に具体例を挙げます。すべてが基本的な語彙です。

1 母音の後ろの子音が一つで，母音が長く発音される例（長母音）。

〈動詞〉

□ fragen	□［フラーゲン］	質問をする
□ geben	□［ゲーベン］	与える
□ rufen	□［ルーフェン］	叫ぶ

〈名詞〉

□ Name	*der*	□［ナーメ］	名前
□ Tür	*die*	□［テューア］	ドア
□ Weg	*der*	□［ヴェーク］	道
□ Zug	*der*	□［ツーク］	列車

〈形容詞など〉

□ gut	□［グート］	よい
□ müde	□［ミューデ］	疲れた
□ rot	□［ロート］	赤い
□ schon	□［ショーン］	すでに

2 母音の後ろの子音が二つ以上（特に同一の子音字の連続）で，母音が短く発音される例（短母音）。

〈動詞〉

□ bitten	□［ビッテン］	頼む
□ kommen	□［コンメン］	来る
□ öffnen	□［エフネン］	開ける
□ wissen	□［ヴィッセン］	知っている
□ lernen	□［レルネン］	学ぶ
□ trinken	□［トリンケン］	飲む

18

〈名詞〉

- ☐ Bett　　　*das*　　☐［ベット］　　　　ベッド
- ☐ Sonne　　*die*　　☐［ゾンネ］　　　　太陽
- ☐ Hoffnung　*die*　　☐［ホフヌング］　　希望

- ☐ Bank　　　*die*　　☐［バンク］　　　　銀行；ベンチ
- ☐ Berg　　　*der*　　☐［ベルク］　　　　山
- ☐ Fisch　　　*der*　　☐［フィッシュ］　　魚

〈形容詞など〉

- ☐ bitte　　　　　　☐［ビッテ］　　　　どうぞ
- ☐ schnell　　　　　☐［シュネル］　　　速い
- ☐ alt　　　　　　　☐［アルト］　　　　古い；年老いた
- ☐ jetzt　　　　　　☐［イェッット］　　今
- ☐ sechs　　　　　　☐［ゼクス］　　　　6（数字）
- ☐ jung　　　　　　☐［ユング］　　　　新しい；若い

☆ ch の場合，通常，前の母音が短いのですが，一部長いものがあります。

〈母音が短い〉

- ☐ Nacht　　　*die*　　☐［ナハト］　　　　夜
- ☐ Tochter　　*die*　　☐［トホター］　　　娘
- ☐ sprechen　　　　　☐［シュプレッヒェン］　話す
- ☐ schlecht　　　　　☐［シュレヒト］　　悪い

〈母音が長い〉

- ☐ Buch　　　*das*　　☐［ブーフ］　　　　本
- ☐ Sprache　　*die*　　☐［シュプラーヘ］　言語
- ☐ suchen　　　　　　☐［ズーヘン］　　　探す
- ☐ hoch　　　　　　　☐［ホーホ］　　　　高い

注 ☐ **Obst** *das* ☐［オープスト］　果物
（子音三つなのに長い）

☐ **Musik** *die* ☐［ムジーク］　音楽
（子音がそれぞれ一つなのに前は短く，後ろは長い）

19

実戦トレーニング

次の条件にあてはまるものが各組に一つずつあります。それを下の1〜4のうちから選び，番号を解答欄に記入しなさい。

（1）下線部が長く発音される。

1 M<u>u</u>tter
母

2 <u>O</u>nkel
おじ

3 V<u>a</u>ter
父

4 T<u>a</u>nte
おば

解答欄 ☐

（2）下線部が短く発音される。

1 H<u>ü</u>gel
丘

2 H<u>u</u>t
帽子

3 H<u>o</u>se
ズボン

4 H<u>a</u>nd
手

解答欄 ☐

（3）下線部が短く発音される。

1 B<u>a</u>ll
ボール

2 Bl<u>u</u>me
花

3 T<u>ü</u>r
ドア

4 F<u>o</u>to
写真

解答欄 ☐

（4）下線部が長く発音される。

1 N<u>a</u>cht
夜

2 B<u>u</u>ch
本

3 W<u>o</u>che
週

4 K<u>ü</u>che
キッチン

解答欄 ☐

（5）下線部が長く発音される。

1 Sp<u>o</u>rt
スポーツ

2 S<u>a</u>mstag
土曜日

3 <u>O</u>bst
果物

4 W<u>u</u>rst
ソーセージ

解答欄 ☐

（6）下線部が短く発音される。

1 g<u>e</u>ben
与える

2 l<u>e</u>ben
暮らす

3 s<u>u</u>chen
探す

4 spr<u>e</u>chen
話す

解答欄 ☐

（7）下線部が長く発音される。

1 g<u>u</u>t
良い

2 <u>a</u>lt
古い

3 l<u>a</u>ng
長い

4 schn<u>e</u>ll
速い

解答欄 ☐

20

第1週 4日目

4日目　母音の長短(2) ― 細則

月　　日

対策問題　下線部が短く発音されるものを，下の **1〜4** のうちから選び，その番号を解答欄に記入しなさい．

1　J<u>a</u>hr　　　2　Fu<u>ß</u>ball　　　3　T<u>e</u>e　　　4　St<u>u</u>dent

解答欄　□

👉 確認ポイント

- □ 母音の後ろの **h** は，前の母音を長く発音することを示す．
- □ 母音の後ろが **ss** は，前の母音を短く発音することを，**ß** は，（二重母音でなければ）長く発音することを示す．
- □ 連続した母音字 **aa**, **ee**, **oo** と **ie** は［アー］，［エー］，［オー］，［イー］と長く発音することを示す（…uu…とつづる単語はありません）．

解説と解答

　設問の選択肢1の場合，母音の後ろに **h** があるので，長母音［ヤー］。2の場合，後ろに子音 **ß** があるので，長母音［フー］。3の場合，母音の連続 ..ee.. なので，長母音［テー］。4の場合，母音の後ろが二つの子音，それも同一子音字(..tt..) なので，短母音［ベ］。したがって，正解は4。

　設問の単語の発音と意味は，以下の通りです．

1	Jahr	das	［ヤール］	年
2	Fußball	der	［フースバル］	サッカー
3	Tee	der	［テー］	お茶；紅茶
4	Student	der	［シュトゥデント］	学生

母音の長短に関する上掲の規則はかなり一般性がありますが，出題されるような単語は（規則を考えずに）読めるようになってほしいと思います．「規則よりも慣れろ！」ですね．

21

対策学習　母音の長短（2）

☆「母音の後ろの子音の数」**以外**の細則を取り上げます。

1　ss の前の母音は短母音，ß の前の母音は長母音。

- ☐ Fluss　　　　der　　☐［フルス］　　　　川
- ☐ Wasser　　　das　　☐［ヴァッサー］　　水

- ☐ Fuß　　　　 der　　☐［フース］　　　　足
- ☐ groß　　　　　　　 ☐［グロース］　　　大きい

注　二重母音の後ろでは ß を使います。
draußen　　［ドラオセン］　　外で　　　weiß　　［ヴァイス］　白色の
schließen　 ［シュリーセン］　閉める

2　母音字の連続 aa は長母音［アー］，ee は長母音［エー］，oo は長母音［オー］。

- ☐ Haar　　　　das　　　☐［ハール］　　　髪
- ☐ See　　　　 der/die　☐［ゼー］　　　　湖(男性名詞)；海(女性名詞)
- ☐ Zoo　　　　 der　　　☐［ツォー］　　　動物園

3　つづり ie は長母音［イー］。　*ei ［アイ］と混同しないこと；→ 10 頁。

- ☐ Liebe　　　　die　　☐［リーベ］　　　愛
- ☐ spielen　　　　　　 ☐［シュピーレン］遊ぶ
- ☐ wieder　　　　　　 ☐［ヴィーダー］　再び

4　つづり字 h の前の母音は長母音(ah は［アー］，eh は［エー］，oh は［オー］，uh は［ウー］)。

- ☐ Zahl　　　　 die　　☐［ツァール］　　数
- ☐ gehen　　　　　　　☐［ゲーエン］　　行く
- ☐ Sohn　　　　der　　☐［ゾーン］　　　息子
- ☐ Uhr　　　　 die　　☐［ウーア］　　　時計；…時に

注　母音の前では「ハ，ヒ，フ，ヘ，ホ」。
Hase　　der　［ハーゼ］　ウサギ　　　　Himmel　der　［ヒンメル］　　空
Hund　　der　［フント］　犬　　　　　　Herbst　 der　［ヘルプスト］　秋
hoch　　　　　［ホーホ］　高い
ただし，二重母音 ei の後ろでは読みません：Reihe die ［ライエ］列。

実戦トレーニング

次の与えられた条件にあてはまるものが各組に一つずつあります。それを下の 1
～4 のうちから選び，番号を解答欄に記入しなさい。

16

(1) 下線部が長く発音される。

1　offen　　　　2　Park　　　　3　Hotel　　　　4　Zoo
　　開いている　　　　公園　　　　　　ホテル　　　　　動物園

解答欄 □

(2) 下線部が長く発音される。

1　essen　　　　2　Post　　　　3　System　　　　4　grüßen
　　食べる　　　　　郵便局　　　　　システム　　　　　挨拶する

解答欄 □

(3) 下線部が長く発音される。

1　Hund　　　　2　Uhr　　　　3　kochen　　　　4　Alkohol
　　犬　　　　　　時計　　　　　　料理をする　　　　アルコール

解答欄 □

(4) 下線部が［イー］と長く発音される。

1　Bier　　　　2　Reise　　　　3　Patient　　　　4　Familie
　　ビール　　　　旅行　　　　　　患者　　　　　　　家族

解答欄 □

(5) 下線部が短く発音される。

1　Klasse　　　　2　Fuß　　　　3　Glas　　　　4　Saal
　　クラス　　　　　足　　　　　　　グラス　　　　ホール

解答欄 □

(6) 下線部が短く発音される。

1　Haar　　　　2　Größe　　　　3　Hunger　　　　4　Lehrer
　　髪　　　　　　サイズ　　　　　空腹　　　　　　　先生

解答欄 □

(7) 下線部が短く発音される。

1　gehen　　　　2　geben　　　　3　Japaner　　　　4　viel
　　行く　　　　　与える　　　　　日本人　　　　　　多くの

解答欄 □

23

5日目 文アクセント(1)―補足疑問文の場合

第1週 5日目

月　　日

対策問題

問い A に対する答え B の下線部中で，通常，最も強調して発音されるものを，下の **1～4** のうちから選び，その番号を解答欄に記入しなさい。

A：Was trinkst du gern?
B：<u>Ich trinke gern Bier.</u>

1　Ich　　　2　trinke　　　3　gern　　　4　Bier

解答欄 □

確認ポイント

- □ 文中で最も強調して発音される語句は最も重要な語句である（最も重要な語句が文アクセントを担う）。
- □ 疑問詞による補足疑問文（→ 42 頁）の返答文では，疑問詞に答える語句が，相手の知りたいことなので，最も重要な語句になる。

解説と解答

設問の発音と訳は，以下の通りです。

A：Was trinkst du gern?　　　　君は何を飲むのか好きですか？
　　　　トリンクスト　ゲルン

B：Ich trinke gern Bier.　　　　私はビールを飲むのが好きです。
　　　トリンケ　　　ビーア

A が「好きな飲み物は何か？」と尋ねたのに対して，B は，「好きな飲み物はビールだ」と返答しています。B の返答文では，相手の知りたがったこと（疑問詞の答えになる語句）が最も重要になりますので，**正解は 4**。

上掲の会話文は，状況がわかれば，「何？」―「ビール」の語句だけでも会話は成り立ちますね。語句を省略しつつ簡素化しても，最後まで残るのは，それぞれの文で最も重要な語句なのですから，可能な限り会話文を簡素化することでも，最も重要な語句を確認することができるわけです。

対策学習 文アクセント(1) ― 補足疑問文の場合 ....

☆補足疑問文の場合，疑問詞(→96頁)に答えている部分が正解になります。類例を示しますが，B文(一部，下線部分)の青太字が，相手の知りたがった，すなわち返答文での最も重要な情報で，最も強調して発音される語です。

18

wer ［ヴェーア］ 誰が
    A：**Wer** fährt morgen nach Köln?   誰が明日ケルンへ行くのですか？
    B：**Hans** fährt morgen nach Köln.   ハンスが明日ケルンに行きます。

wen ［ヴェーン］ 誰を
    A：**Wen** magst du nicht?   君が好きでないのは誰ですか？
    B：**Hans** mag ich nicht.   ハンスが好きではありません。

wo ［ヴォー］ どこに
    A：**Wo** wohnt er jetzt?   彼は今どこに住んでいますか？
    B：Jetzt wohnt er in **Köln**.   今彼はケルンに住んでいます。

wohin ［ヴォヒン］ どこへ
    A：**Wohin** fährt Anke morgen?   アンケは明日どこへ行くの？
    B：Morgen fährt sie nach **Berlin**.   明日彼女はベルリンに行きます。

woher ［ヴォヘアー］ どこから
    A：**Woher** kommst du?   君はどこの出身ですか？
    B：Ich komme aus **Japan**.   私は日本から来ました。

warum ［ヴァルム］ なぜ
    A：**Warum** kommt er heute nicht?   彼はなぜきょう来ないのですか？
    B：Heute ist er **krank**.   きょう彼は病気なのです。

単語（不規則変化動詞は，（　）内に不定詞を挙げ，意味を示します）

fährt ［フェーアト］（< fahren（乗り物で）行く） morgen ［モルゲン］明日 nach ［ナーハ］…へ（前置詞，→98頁） Köln ［ケルン］ケルン（都市名） mag ［マーク］ / magst ［マークスト］（< mögen …が好き） nicht …でない（= 英 not） Hans ハンス（男名） wohnen ［ヴォーネン］住んでいる jetzt ［イェッツット］今 Anke アンケ（女名） Berlin ［ベルリーン］ベルリン（都市名） kommen ［コムメン］来る aus …から（前置詞） Japan ［ヤーパン］日本 heute ［ホイテ］きょう ist（< sein …である） krank ［クランク］病気の

25

実戦トレーニング

問いAに対する答えBの下線部中で，通常，最も強調して発音されるものを，下の1〜4のうちから選び，その番号を解答欄に記入しなさい。

19 (1) A：Wer kocht das Abendessen?

B：<u>Ich koche das Abendessen.</u>

1 Ich	2 koche	3 das	4 Abendessen

解答欄 ☐

(2) A：Was möchtest du?

B：<u>Ich möchte ein Eis.</u>

1 Ich	2 möchte	3 ein	4 Eis

解答欄 ☐

(3) A：Wo arbeitest du denn jetzt?

B：Jetzt <u>arbeite ich in Osaka.</u>

1 arbeite	2 ich	3 in	4 Osaka

解答欄 ☐

(4) A：Wohin fahren Sie im Sommer?

B：Im Sommer <u>fahren wir nach Italien.</u>

1 fahren	2 wir	3 nach	4 Italien

解答欄 ☐

(5) A：Wann fahren sie nach Wien?

B：Sie <u>fahren morgen nach Wien.</u>

1 fahren	2 morgen	3 nach	4 Wien

解答欄 ☐

単語

kochen [コッヘン] 料理をする　Abendessen *das* [アーベントエッセン] 夕食　möchten [メヒテン] …がほしい　Eis *das* [アイス] アイスクリーム　arbeiten [アルバイテン] 働く　denn [デン]（質問の調子を弱める副詞）　jetzt [イェッツット] 今　in [イン] …の中（前置詞，→98頁）　fahren [ファーレン]（乗り物で）行く　im [イム]（「…の中で」，前置詞 in と定冠詞の融合形，→100頁）　Sommer *der* [ゾムマー] 夏　nach [ナーハ] …へ（前置詞）　Italien [イターリエン] イタリア（国名）　Wien [ヴィーン] ウィーン（都市名）　morgen [モルゲン] 明日

第 1 週 6 日目

6日目　文アクセント(2)─決定疑問文の場合

月　　日

> **対策問題**
>
> 問い A に対する答え B の下線部中で，通常，最も強調して発音されるものを，下の 1〜4 のうちから選び，その番号を解答欄に記入しなさい。
>
> A：Wohnt er noch in Köln?
> B：Nein, jetzt <u>wohnt er in Bonn</u>.
>
> 1　wohnt　　2　er　　3　in　　4　Bonn
>
> 解答欄 □

確認ポイント

- □ 文中で最も強調して発音される語句は文中で最も重要な語句である。
- □ 決定疑問文（→42頁）を否定して返答する場合，否定した部分を正す語句（「そうでなく，…だ」の「…」）が最も重要な語句になる。

解説と解答

設問の発音と訳は，以下の通りです。

A：Wohnt　er　noch　in　Köln?　　彼はまだケルンに住んでいますか？
　　ヴォーント　　　ノッホ　　ケルン

B：Nein, jetzt wohnt er in Bonn.　　いいえ，今はボンに住んでいます。
　　ナイン イェッツト　　　　　　ボン

A が「彼の住んでいるのはケルンか？」と尋ねたのに対して，B は，「いいえ，彼の住んでいるのはボンだ」と，相手の言ったことの一部を対比的に正しながら返答しています。B の返答文では，相手の言ったことを正す語句（相手に伝えたい語句）が最も重要になりますので，正解は 4。

補足疑問文の場合と同じように，語句を省略しつつ，可能な限り会話文を簡素化すると，「（まだ）ケルン？」─「いや，（今は）ボン」となります。決定疑問文の場合も，可能な限り会話文を簡素化することによって，最も重要な語句を確認することができますね。

対策学習　文アクセント(2) ― 決定疑問文の場合 ･･･････････

☆前頁の対策メモでは，可能な限り会話文を簡素化することによって，最も重要な語句を確認する「解答方法」について述べました。それ以外に，「B文にあって，A文にない語を見つける」という「解答方法」もあります。知っていても損をしませんので，少し説明しておきましょう。

　例えば，前頁の設問のA文とB文の下線部を見比べると，B文の下線部のwohnt / er / in はA文にもありますが，**Bonn** はありません。Bonn は，「Bが相手に伝えたい語」ですので，「B文にあって，A文にない語」を探し出すことによっても，「返答文の中で最も重要な語」，そして「文中で最も強調して発音される語」を確認することができますね。

☆設問は，「場所」が文アクセントを担う例ですので，以下，他の語句が文アクセントを担う例を2つほど挙げることにします。

①「…である」を表す名詞

　A：Ist*　die　Frau　da**　seine　**Mutter**?　　*「…である」
　　　　　　　フラオ　ダー　　　ザイネ　ムッター　　　**「そこの」(前の名詞を修飾)

　　そこの女性は彼の母親ですか？

　B：Nein.　Sie　ist　seine　Tante.　いいえ。彼女は彼のおばさんです。
　　　ナイン　　　　　　　ザイネ　タンテ

②「…を」を表す4格目的語

　A：Trinkst　du　gern　**Wein**?　君はワインを飲むのが好きですか？
　　　トリンクスト　　　ゲルン　ヴァイン

　B：Nein.　Ich　trinke　gern　Bier.
　　　　　　　　　トリンケ　　　　ビーア

　　いいえ。私はビールを飲むのが好きです。

　①は，「あの女性＝(彼の)母親」と尋ねられたのに対して，「いいえ，あの女性＝(彼の)おばさん」と，相手の言ったことの一部を対比的に正しながら返答しています。②は，「好きな飲み物＝ワイン」と尋ねられたのに対して，「いいえ，好きな飲み物＝ビール」と，相手の言ったことの一部を対比的に正しながら返答しています。

　相手の言ったことを正す語句が文中で最も強調して発音されるとしても，ごく自然のことと納得できますね。

28

実戦トレーニング

問いAに対する答えBの下線部中で，通常，最も強調して発音されるものを，下の**1**〜**4**のうちから選び，その番号を解答欄に記入しなさい。

(1) A：Ist der Mann da ihr Freund?

B：Nein, <u>er ist ihr Lehrer.</u>

1 er　　　　**2** ist　　　　**3** ihr　　　　**4** Lehrer

解答欄 ☐

(2) A：Spielen Sie gern Fußball?

B：Nein. <u>Ich spiele gern Tennis.</u>

1 Ich　　　**2** spiele　　**3** gern　　　**4** Tennis

解答欄 ☐

(3) A：Kommen Sie aus Deutschland?

B：Nein. <u>Ich komme aus Österreich.</u>

1 Ich　　　**2** komme　　**3** aus　　　**4** Österreich

解答欄 ☐

(4) A：Geht ihr morgen in die Disco?

B：Nein, morgen <u>gehen wir ins Kino.</u>

1 gehen　　**2** wir　　　**3** ins　　　**4** Kino

解答欄 ☐

(5) A：Hast du heute Zeit?

B：Heute leider nicht, aber <u>morgen habe ich Zeit.</u>

1 morgen　**2** habe　　**3** ich　　　**4** Zeit

解答欄 ☐

単語

Mann *der* [マン] 男性　da [ダー] そこの　ihr [イーア] 彼女の（所有冠詞，83頁）　Freund *der* [フロイント] ボーイフレンド　nein [ナイン] いいえ　Lehrer *der* [レーラー] 教師　spielen [シュピーレン]（スポーツを）する　gern [ゲルン] 喜んで　Fußball *der* [フースバル] サッカー　Tennis *das* [テニス] テニス　kommen [コンメン] 来る　aus [アオス] …から（前置詞，98頁）　Deutschland [ドイチュラント] ドイツ（国名）　Österreich [エースターライヒ] オーストリア（国名）　gehen [ゲーエン] 行く　morgen [モルゲン] 明日　in [イン] …の中（前置詞）　Disco *die* [ディスコ] ディスコ　ins [インス]（「…の中へ」，前置詞 in と定冠詞 das の融合形，→ 100頁）　Kino *das* [キーノ] 映画　hast [ハスト]（< haben 持っている）　heute [ホイテ] きょう　Zeit *die* [ツァイト] 時間　leider [ライダー] 残念ながら　nicht [ニヒト] …でない　aber [アーバー] しかし（接続詞，65頁）

29

> **コラム** 文アクセントと語順

《理屈はどうでもよく，点だけとれればよい人へ》

　この設問，すなわち大問 4 の (4) の正解の選択肢の番号が過去問ではどうなっていたかを見てみましょう。

2017 年度　冬期 4 ／夏期 3		2016 年度　冬期 4 ／夏期 4	
2015 年度　秋期 4 ／春期 4		2014 年度　秋期 4 ／春期 2	

　過去 8 回のうち 6 回は選択肢 4 が正解。例外の 2014 年度春期の場合，「どの位長く学んでいるの？」という質問に対して（ich）schon / **ein Jahr** / in / Japan と答える設問。2017 年度夏期の場合，「**20** 歳ですか？」という質問に対して er / ist / **dreißig** / Jahre（alt）と答える設問。これを見ればわかるように，ほぼ毎回，正解は選択肢 4。したがって，解答に困ったら，ともかく選択肢 4 を選ぶことですね。

《点がとれるだけでなく，理屈も少し知りたい人へ》

　上の段落で，「ほぼ毎回，正解は選択肢 4」と書きました。それは，文アクセントが語句の重要性のみならず，語順とも密接に絡んでいるからなのです。

　24 頁と 27 頁の【確認ポイント】で，「最も強調して発音される語句は最も重要な語句である」と述べたように，語句の強調と語句の重要性は密接に絡んでいるのですが，語句の重要性はさらに語順とも密接に絡んでいるのです。すなわち，ドイツ語には，重要な語句ほど文末に持って行くという語順規則があるのです。

　日本語でも，例えば，「映画にハナコと明日僕は行くんだ」という文より，「僕は明日ハナコと映画に行くんだ」という文の方が自然な感じがしませんか？言葉というのは，あまり重要でない語句から並べて行き，最後に重要な語句を置くというのが一般的なのです。

　要するに，文中の最も重要な語句は，その重要性故に，文アクセントを担う「責務」を持ち，そして，それと同時に，「可能な限り文末に」という「役割」を背負わされているのです。したがって，文アクセントを担う語句が文末に近いあるいは文末の語句である「選択肢 4」に集中するのも，自然と言えば自然なのです。

第 2 章

意味

（独検では大問 3）

7 日目　　語彙力（単語の意味をどれほど知っているか）

注記

　単語はそれぞれが独自の意味を持っていますが，中には，意味的に似たものとそうでないものとがあります。この点に着目したのが「語彙力」の設問です。すなわち，意味的に同一のグループに属する単語（三つ）と意味的に異なるグループに属する単語（一つ）を選択肢として並べ，その中から後者の単語を選ばせるのです。

　5 級レベルの基本単語の中で，特定の意味特徴で共通する三つの単語を見つけ出すのはかなり難しいのです。そのため，出題される単語グループも「定番」に限られてきます。2011 年春期から 2017 年夏期までにどのような単語グループが出題されたかを本書の「過去問冊子」（6 頁）に挙げておきましたので，受験準備に活用して頂ければと思います。これまでに複数回，出題された意味グループは，親族（Vater など），建造物（Hotel など），飲み物（Bier など），自然（Berg など），家具（Bett など）などです。品詞としては，名詞がダントツで，形容詞・副詞や動詞はたまに出題されるのみです。

　なお，5 級で出題される単語は「基本的な」ものに限られます（そうでなければおかしいですね）。しかし，何が「基本的な単語」なのかは出題者の主観によるところもありますので，本書の姉妹編『新・独検合格 単語＋熟語 1800』のテーマ別の頁も，一度，目を通して頂ければと思います。

7日目 語彙力

第1週 7日目

月　　日

対策問題

次の(A)(B)に挙げられた単語のうち，例にならって一つだけ他と異なるものを，下の1～4の中から選び，その番号を解答欄に記入しなさい。ただし，名詞の文法上の性の区別は関係ありません。

例）　1　Buch　　2　Apfel　　3　Brot　　4　Fleisch
1のBuch（本）だけ食べ物ではないので他と異なります。

(A)　1　Bier　　2　Wein　　3　Uhr　　4　Kaffee
(B)　1　rot　　2　gut　　3　grün　　4　weiß

解答欄　(A)　□　(B)　□

確認ポイント

☐ 単語は，特定の意味特徴に基づいて分類することができる。

解説と解答

例えば「父」は「親」であり，「男性」。また，「母」は「親」であり，「女性」。すなわち，「父」と「母」は，「親」という意味特徴で共通し，「男性」か「女性」かという点で異なります。単語の意味の，このようなあり方に着目して，語彙力を試すのがこの設問のねらいです。

設問の(A)(B)の単語の発音と意味は，以下のようになります。

(A)　Bier　　ビール　　Wein　　ワイン　　Uhr　　時計　　Kaffee　　コーヒー
　　　ビーア　　　　　　ヴァイン　　　　　　ウーア　　　　　　カッフェ
(B)　rot　　赤い　　gut　　良い　　grün　　緑の　　weiß　　白い
　　　ロート　　　　　グート　　　　　　グリューン　　　　ヴァイス

設問(A)は3つが飲み物。したがって，正解は(飲み物でない)3。
設問(B)は3つが色彩名。したがって，正解は(色彩名でない)2。

まず，意味的に共通する単語を2つ探してみるのはどうでしょうか？それらと意味的に異なる単語が正解である可能性は大ですね。なお，設問のApfelは「リンゴ」，Brotは「パン」，Fleischは「肉」です。

> **確認学習** ········· **意味的グループの単語** ·························

☆これまでに出題されたことのある8つの主なグループを以下に挙げます。これだけは，最低でも覚えておきましょう（なお，前章の発音の復習のために，カナ表記も併記しておきます）。

> **注** 名詞の場合，後ろの定冠詞（イタリック体）は，文法上の性を示します。*der* は男性名詞，*die* は女性名詞，*das* は中性名詞。

● **家族**

☐ Vater	*der*	［ファーター］	☐	父
☐ Mutter	*die*	［ムッター］	☐	母
☐ Bruder	*der*	［ブルーダー］	☐	兄〈弟〉
☐ Schwester	*die*	［シュベスター］	☐	姉〈妹〉

● **建物**

☐ Bahnhof	*der*	［バーンホーフ］	☐	駅
☐ Hotel	*das*	［ホテル］	☐	ホテル
☐ Kirche	*die*	［キルヒェ］	☐	教会

● **飲み物**（→「対策問題」の語彙も）

☐ Tee	*der*	［テー］	☐	茶
☐ Milch	*die*	［ミルヒ］	☐	ミルク
☐ Wasser	*das*	［ヴァッサー］	☐	水

● **食べ物**

☐ Brot	*das*	［ブロート］	☐	パン
☐ Fleisch	*das*	［フライシュ］	☐	肉
☐ Apfel	*der*	［アップフェル］	☐	リンゴ

● **体**

☐ Kopf	*der*	［コップフ］	☐	頭
☐ Gesicht	*das*	［ゲズィヒト］	☐	顔
☐ Auge	*das*	［アオゲ］	☐	目
☐ Mund	*der*	［ムント］	☐	口
☐ Hand	*die*	［ハント］	☐	手
☐ Fuß	*der*	［フース］	☐	足

- 衣服

25

☐ Hose	*die*	［ホーゼ］	☐ ズボン
☐ Kleid	*das*	［クライト］	☐ ワンピース
☐ Mantel	*der*	［マンテル］	☐ コート

- 職業

☐ Arzt	*der*	［ア［ー］ルツト］	☐ 医者
☐ Bäcker	*der*	［ベッカー］	☐ パン屋
☐ Lehrer	*der*	［レーラー］	☐ 教師

- 家具

☐ Bett	*das*	［ベット］	☐ ベッド
☐ Tisch	*der*	［ティッシュ］	☐ テーブル
☐ Sofa	*das*	［ゾーファ］	☐ ソファー

《形容詞》

- 形

☐ groß	［グロース］	☐ 大きい
☐ lang	［ラング］	☐ 長い
☐ hoch	［ホーホ］	☐ 高い
☐ klein	［クライン］	☐ 小さい
☐ kurz	［クルツ］	☐ 短い
☐ tief	［ティーフ］	☐ 深い

《動詞》

- 物の在り方

☐ stehen	［シュテーエン］	☐ 立っている
☐ stellen	［シュテレン］	☐ 立てる
☐ sitzen	［ズィッツェン］	☐ 座っている
☐ setzen	［ゼッツェン］	☐ 座らせる
☐ liegen	［リーゲン］	☐ 寝ている
☐ legen	［レーゲン］	☐ 寝かせる

実戦トレーニング

次の（A）～（I）に挙げられた単語のうち，32頁の「対策問題」に準じて，一つだけ他と意味的に異なるものを，1～4の中から選び，その番号を解答欄に記入しなさい。

26

（A）
1 Auto
アオト
2 Zug
ツーク
3 Bus
ブス
4 Katze
カッツェ

解答欄 □

（B）
1 Hund
フント
2 Brot
ブロート
3 Vogel
フォーゲル
4 Fisch
フィッシュ

解答欄 □

（C）
1 Tennis
テニス
2 Sonne
ゾンネ
3 Fußball
フースバル
4 Ski
シー

解答欄 □

（D）
1 Hotel
ホテル
2 Löffel
レッフェル
3 Messer
メッサー
4 Gabel
ガーベル

解答欄 □

（E）
1 Mittwoch
ミットヴォッホ
2 Montag
モンターク
3 Lehrer
レーラー
4 Sonnabend
ゾンアーベント

解答欄 □

（F）
1 gehen
ゲーエン
2 kommen
コムメン
3 fliegen
フリーゲン
4 trinken
トリンケン

解答欄 □

（G）
1 heiß
ハイス
2 kalt
カルト
3 warm
ヴァルム
4 schön
シェーン

解答欄 □

（H）
1 süß
ズュース
2 billig
ビリヒ
3 teuer
トイアー
4 preiswert
プライスヴェーアト

解答欄 □

（I）
1 gestern
ゲスターン
2 morgen
モルゲン
3 wieder
ヴィーダー
4 heute
ホイテ

解答欄 □

35

B 文法編

第3章　　動詞の現在人称変化
第4章　　名詞，冠詞，人称代名詞，疑問詞

注記

　みなさんがドイツ語を学び始めたとき，発音やつづりの読み方の後の最初の文法は**動詞の現在人称変化**ではありませんでしたか？それは，<u>動詞が文の「中心軸」として極めて重要な役割を果たしている</u>からなのです。

　そして，次が**名詞**ではありませんでしたか？それは，<u>名詞が**動詞**と結びついて，文の「横軸」を形成する極めて重要な構成素だから</u>なのです。

　独検の出題対象のメインも動詞と名詞ですが，設問数に制限があるため，動詞と名詞に関する文法項目を一つひとつ個別的に取り上げることができません。したがって，設問は，文法事項をいくつも含んだ**複合的な**（すなわち，複数の文法事項を知っていなければ，解答できない）**もの**になっていますが，対策本である本書では，知っておくべき文法項目はやはり一つひとつ確認しながら，学習すべきであると考え，動詞と名詞の**基本的な文法事項**についてもいくつか「基礎問題」として取り上げることにしました。

第3章

動詞の現在人称変化
（独検では大問 1）

8日目－A　主語の人称代名詞
　　　　－B　人称代名詞（主語）と動詞の形
コラム：Ente wo?
確認学習　文の種類

9日目－A　規則変化動詞
　　　　－B　主語が「人」を表す名詞の場合
補足学習　「人」を表す名詞を受ける人称代名詞

10日目　　口調上の e
11日目　　末尾が -s / -ß / -z/ -tz の動詞
12日目　　不規則変化動詞
13日目　　動詞 sein と haben
14日目　　接続詞 und の後ろの動詞
15日目　　実際の出題形式
確認学習　主語と動詞の関係をしっかり把握しよう！
確認学習　会話文に慣れよう！

注記 ————————————————————————————————
　動詞の現在人称変化に関する本番の設問は，67 頁に示すように，動詞の入る個所を空欄にした **4 つの文**からなっています。しかし，本書では，まず，動詞の現在人称変化に関して学ぶべき文法事項を，空欄が一つの設問によって一つひとつ確認し，そして最後に，本番に慣れるための，4 つの空欄のある設問を設けました。

8日目-A　主語の人称代名詞

第2週 1日目-A

月　　日

> **基本問題**　次の人称代名詞（主語）の表の空欄①②③④に入るものを，下の1～4のうちから選び，その番号を解答欄に記入しなさい。
>
> | | 単数 | 複数 |
> |---|---|---|
> | 1人称 | （①） | （④） |
> | 2人称　親称 | （②） | ihr |
> | 3人称 | （③）/ sie / es | （⑤） |
> | 2人称　敬称 | Sie | （⑥） |
>
> 1　ich　　　2　er　　　3　sie　　　4　Sie
> 5　du　　　6　wir
>
> 解答欄　①□　②□　③□　④□　⑤□　⑥□

注　主語には，名詞も人称代名詞もなりますが，まずは，すべての人称で主語になる人称代名詞をメインにして説明することにします。

確認ポイント

- □ 人称代名詞には，1人称，2人称，3人称の3種類がある。
- □ それぞれに単数形と複数形がある。
- □ 2人称には，親称と敬称がある。敬称は頭文字が大文字（→39頁注1）。
- □ 3人称単数には，男性形と女性形と中性形の3種類がある。

解説と解答

空欄①は1人称・単数。したがって，正解は1。空欄②は2人称・親称・単数。したがって，正解は5。空欄③は3人称・単数（ただし sie / es 以外）。したがって，正解は2。空欄④は1人称・複数。したがって，正解は6。空欄⑤は3人称・複数。したがって，正解は3。空欄⑥は2人称・敬称・複数。したがって，正解は4。

日本語の場合，例えば，1人称・単数の「人称代名詞」には「私」「僕」など複数ありますが，ドイツ語の場合 ich のみです。ドイツ語の人称代名詞は，「完璧に」体系化されているので，「完璧に」覚えてください。

対策学習 ·········· **主語の人称代名詞** ··········

☆主語になる人称代名詞には，以下のような計10の形があります。

		単数		複数	
1 人称		□ **ich** イッヒ	私は	□ **wir** ヴィーア	私たちは
2 人称	親称	□ **du** ドゥー	君は	□ **ihr** イーア	君たちは
3 人称		□ **er** エア	彼は		彼らは
		□ **sie** ズィー	彼女は	□ **sie** ズィー	彼女らは
		□ **es** エス	それは		それらは
2 人称	敬称	□ **Sie** ズィー	あなたは	□ **Sie** ズィー	あなた方は

同形注意！

- 1 人称は，話し手（「私」など）を，2 人称は，聞き手（「君」など）を，3 人称は，（話し手でも，聞き手でもない）それ以外の人やもの（「彼・彼女・それ」など）を指す場合に使います。
- 単数は，指す人やものが一人あるいは一つであることを，複数は，指す人やものが二人以上あるいは二つ以上であることを表す場合に使います。
- 2 人称の親称は，（相手と打ち解けて）親しくなった人を，敬称は，まだ親しくなっていない人を表す場合に使います。
- 3 人称の男性形は，（人を表す場合ですが）男性を指し示す場合に，女性形は，（人を表す場合ですが）女性を指し示す場合に，中性形は，事物などを指し示す場合に使います。

注1 2 人称・親称の du / ihr は家族，友人などに対して，敬称の Sie は初対面の人などに対して使います。なお，du と Sie の使い方は相互的で，一方の人が du を使うならば，他方の人も du を使います（例外は，小さな子供が大人に対して Sie，大人が小さな子供に対して du を使う場合）。また，敬称の Sie は，単数複数同形，語頭は常に大文字です。

注2 3 人称の人称代名詞には，男性形 er と女性形 sie と中性形 es があります。本章では，とりあえず er には「彼」，sie には「彼女」，es には「それ」という訳語を与えておきましたが，er / sie も，es と同じように，事物を表す名詞を受け，「それ」と訳すべき場合もあります。詳細は第 4 章（92 頁）。

第 2 週 1 日目 -B

8日目-B 人称代名詞(主語)と動詞の形

月　　日

> **基本問題**　次の動詞の現在人称変化表の空欄①②③④に入るものを，下の1〜4のうちから選び，その番号を解答欄に記入しなさい。
>
> | | | | |
> |---|---|---|---|
> | ich | (①) | wir | trink**en** |
> | du | (②) | ihr | trink**t** |
> | er / sie / es | (③) | sie | trink**en** |
> | Sie | trink**en** | Sie | (④) |
>
> 1　trink**e**　　2　trink**en**　　3　trink**t**　　4　trink**st**
>
> 解答欄　①□　②□　③□　④□

確認ポイント

- □ 動詞は，語幹に語尾を付けて使う。
- □ 語尾は，主語になる人称代名詞に応じて異なる。

解説と解答

空欄①の主語は ich (1人称・単数)。ich の場合，人称語尾は -e。したがって，正解は 1。

空欄②の主語は du (2人称・親称・単数)。du の場合，人称語尾は -st。したがって，正解は 4。

空欄③の主語は er / sie / es (3人称・単数)。er / sie / es の場合，人称語尾は -t。したがって，正解は 3。

空欄④の主語は Sie (2人称・敬称・複数)。敬称 Sie の場合，人称語尾は (単数でも複数でも)-en。したがって，正解は 2。

人称変化がこのように整然としているのは，主語が「完璧に」体系化されているからですね。なお，ドイツ語の主語は，日本語の主語と異なり，義務的です(すなわち，特別な理由なくして，省略することはできないのです)。

対策学習 ·········· 動詞の現在人称変化 ··························

☆動詞は，語幹に語尾を結びつけて使います。例えば，「飲む」という動詞は，
主語になる人称代名詞に応じて，以下の形になります(trink- が語幹，青太字が語尾)。

ich	trink**e** トリンケ	wir	trink**en** トリンケン
du	trink**st** トリンクスト	ihr	trink**t** トリンクト
er / sie / es	trink**t** トリンクト	sie	trink**en** トリンケン
Sie	trink**en** トリンケン	Sie	trink**en** トリンケン

　このように，主語になる人称代名詞に応じて動詞の語尾が変わることを人称
変化，その語尾を人称語尾，また，人称変化した形を定形，定形の動詞を定動
詞と呼びます。

注 前頁の「対策メモ」で述べたように，ドイツ語の主語は，日本語と異なり，基本的に
義務的です。そして，上掲の表のように，動詞の形は　主語の種類に応じて形が異なりま
す。したがって，常日頃から，動詞が出てきたら，どの語が主語なのかをしっかり考える
習慣を付けておくとよいと思います。

☆人称変化した形でなく，動詞それ自身を呼び指す場合，「語幹 + -en」という
形を使います(上例の場合，trinken)。この形を不定形，不定形の動詞を不定詞と呼
びます。

☆不定形の「不定」とは，主語に応じて「形が未だ定まっていない」という意
味です。

注 上表のように，一つの動詞が様々な形になります。したがって，ドイツ語の多くの参
考書は，これらの形の元になるものを「不定形」(あるいは「不定詞」)と定義します(いわば，
英語の *am, is, are* に対する *be* のことです)。
　それはそれで一つの理がある定義ですが，しかし，不定形(あるいは「不定詞」)にはもう
一つ重要な側面があります。すなわち，名詞や形容詞のように，「単語」として意味を覚
える場合の，よりどころとしての形です(定形を使って，「trinke は『飲む』，trinkst は『飲
む』，…」などのように，定形ごとに，意味を覚えるわけにはいきませんね)。
　そこで，今回，私たちはこの点を重視し，上述のように，不定形を「動詞それ自身を呼び
指す場合の形」と定義してみました。

41

> **確認学習** ················ **文の種類** ·································

☆文には平叙文と疑問文(**決定疑問文**, **補足疑問文**)があります。

☆平叙文の場合, **定動詞**は**2番目**に置きます。なお, 英語のように,「主語は文頭」と決まっているわけではなく, 文脈によっては, 主語以外の語句も**文頭**に置かれます。

27

〈平叙文〉 　Ich **bin** immer allein. 　　私はいつも一人です。
　　　　　　　ビン　イムマー　アライン

　　　　　　 Immer **ist** er allein. 　　　いつも彼は一人です。
　　　　　　　　　　　　　イスト

☆イエスかノーを尋ねる決定疑問文の場合, **定動詞**は**文頭**に置きます。疑問詞による補足疑問文の場合, **定動詞**は**2番目**に置き, **疑問詞**(→96頁)は**文頭**に置きます。

〈決定疑問文〉 　**Hast** du heute Zeit? 　　きょう時間がありますか?
　　　　　　　　ハスト　　ホイテ　ツァイト

〈補足疑問文〉 　***Wann*** **hast** du Zeit? 　　いつ君は時間がありますか?
　　　　　　　　ヴァン

📌 会話文では, 1語あるいは1語句だけの表現も多く使われます。

　　Danke! ありがとう! 　　　　　Nein, danke! いえ, 結構です。
　　ダンケ 　　　　　　　　　　　　ナイン

　　Entschuldigung! スミマセン! 　Also, bis morgen! では, また明日!
　　エントシュルディグング 　　　　　アルゾ　ビス　モルゲン

> **コラム**　Ente wo?

　昔, あるドイツ人の家庭を訪問した時, 小さな子供が Ente wo? Ente wo? と言って, おもちゃのアヒルを探していました(Ente [エンテ] は「アヒル」, wo [ヴォー] は「どこ」。「アヒルちゃんはどこ?アヒルちゃんはどこ?」と言っていたのですね)。

　興味深かったのは, 本来ならば, Wo ist die Ente? のように, 疑問詞を**文頭**に置かねばならないのに, 子供は疑問詞 wo を文の末尾に置いていた点です。ひょっとしたら, ドイツ人も本当は, 日本語のように, 疑問詞を文頭ではなく, 後ろの方に置きたいのではないんですかね。Wo Ente? よりも, Ente wo? の方が気持ち的にもずっとしっくり行きませんか?

第 2 週 2 日目 -A

9 日目 -A　規則変化動詞

月　　日

28

対策問題　次の文で空欄（　）の中に入れるのに最も適切な動詞の形を，下の 1～3 のうちから選び，その番号を解答欄に記入しなさい。

　　Er （ ① ） gern Bier. Was （ ② ） du gern?
　　1　trinkst　　　2　trinkt　　　3　trinke

　　　　　　　　　　　　　　　解答欄　①　☐　　②　☐

注 gern［ゲルン］喜んで，Bier *das*［ビーア］ビール，was［ヴァス］何を（疑問詞，→ 96 頁）

確認ポイント
- ☐ 動詞の語尾は，主語の種類に応じて異なる。
- ☐ 動詞の形を決めるには，まず，主語を確認する必要がある。

解説と解答

選択肢は動詞 trinken［トリンケン］「飲む」の人称変化形（trink- が語幹）。

設問文の主語は er と du。主語が er の場合の人称語尾は -t，du の場合の人称語尾は -st。したがって，①の正解は 2，②の正解は 1。訳は，「彼は喜んでビールを飲みます。君は何を喜んで飲みますか？」。

なお，41 頁の表を見て，以下の下線部に人称語尾のみを書いてみましょう。これらの語尾を付け人称変化する動詞を規則変化動詞と呼びます。

1 人称		ich ＿＿＿	wir ＿＿＿
2 人称	親称	du ＿＿＿	ihr ＿＿＿
3 人称		er / sie / es ＿＿＿	sie ＿＿＿
2 人称	敬称	Sie ＿＿＿	Sie ＿＿＿

＊ 2 人称・敬称は 3 人称・複数と常に同形。

敬称以外の語尾は e-st-t-en-t-en。続けて読むと「エスト・テン・テン」。試験が始まったら，すぐ用紙の余白に e-st-t-en-t-en と書くといいよと話をしていますが，実践上，確かに役立つようです（まったくの邪道ですが）。

43

> **対策学習** ▶ 出題された，また出題されそうな規則変化動詞 ……

☆以下は，2011 年度春期〜2016 年度冬期に出題された規則変化動詞です。なお，
3 人称・単数は er で代表させます。

☐ **gehen** ☐ ich geh**e** ☐ du geh**st** ☐ er geh**t**
ゲーエン ゲーエ ゲースト ゲート
行く ☐ wir geh**en** ☐ ihr geh**t** ☐ sie geh**en**
☐ Sie geh**en**（2 人称・敬称，単数複数同形）

☐ **kochen** ☐ ich koch**e** ☐ du koch**st** ☐ er koch**t**
コッヘン コッヘ コホスト コホト
料理する ☐ wir koch**en** ☐ ihr koch**t** ☐ sie koch**en**
☐ Sie koch**en**（2 人称・敬称，単数複数同形）

☐ **spielen** ☐ ich spiel**e** ☐ du spiel**st** ☐ er spiel**t**
シュピーレン シュピーレ シュピールスト シュピールト
遊ぶ ☐ wir spiel**en** ☐ ihr spiel**t** ☐ sie spiel**en**
☐ Sie spiel**en**（2 人称・敬称，単数複数同形）

☐ **wohnen** ☐ ich wohn**e** ☐ du wohn**st** ☐ er wohn**t**
ヴォーネン ヴォーネ ヴォーンスト ヴォーント
住んでいる ☐ wir wohn**en** ☐ ihr wohn**t** ☐ sie wohn**en**
☐ Sie wohn**en**（2 人称・敬称，単数複数同形）

☐ **kommen** ☐ ich komm**e** ☐ du komm**st** ☐ er komm**t**
コムメン コムメ コムスト コムト
来る ☐ wir komm**en** ☐ ihr komm**t** ☐ sie komm**en**
☐ Sie komm**en**（2 人称・敬称，単数複数同形）

☐ **singen** ☐ ich sing**e** ☐ du sing**st** ☐ er sing**t**
ズィンゲン ズィンゲ ズィングスト ズィングト
歌う ☐ wir sing**en** ☐ ihr sing**t** ☐ sie sing**en**
☐ Sie sing**en**（2 人称・敬称，単数複数同形）

注1 gehen と kommen と singen は，過去形や過去分詞の作り方が「不規則」なのですが，
現在形に限って言えば，「規則変化」なので，ここに載せてみました。
注2 2017 年度夏期と冬期に出題された上掲以外の動詞は trinken「飲む」, lieben「愛する」,
schwimmen「泳ぐ」, studieren「大学で学ぶ」でした。

実戦トレーニング

次の文で空欄（　　）の中に入れるのに最も適切なものを，下の **1～3** のうちから選び，その番号を解答欄に記入しなさい。

(1) Wir （　　）　gern　Musik. （平叙文；定動詞2番目）
　　　　　　　　　　　ゲルン　　ムズィーク

　　1 hören　　　**2** hört　　　**3** hörst　　　　　　解答欄 ☐
　　　　ヘーレン　　　　　　ヘーアト　　　　　　ヘーアスト

(2) Ich （　　）　heute　Fußball. （平叙文；定動詞2番目）
　　　　　　　　　　　ホイテ　　フースバル

　　1 spielen　　　**2** spielt　　　**3** spiele　　　解答欄 ☐
　　　　シュピーレン　　　　シュピールト　　　　シュピーレ

(3) （　　）　du　Wein? （決定疑問文；定動詞文頭）
　　　　　　　　　　ヴァイン

　　1 Trinkst　　　**2** Trinkt　　　**3** Trinke　　　解答欄 ☐
　　　　トリンクスト　　　　トリンクト　　　　トリンケ

(4) （　　）　ihr　jetzt　Englisch? （決定疑問文；定動詞文頭）
　　　　　　　　　　イェッツト　エングリッシュ

　　1 Lerne　　　**2** Lernst　　　**3** Lernt　　　解答欄 ☐
　　　　レルネ　　　　　　レルンスト　　　　レルント

(5) Er （　　）　in　Deutschland. （平叙文；定動詞2番目）
　　　　　　　　　　　イン　　ドイチュラント

　　1 studierst　　　**2** studiert　　　**3** studieren　　解答欄 ☐
　　　　シュトゥディーアスト　　シュトゥディーアト　　　シュトゥディーレン

> e - st - t - en - t - en と
> 書けましたか？

単語

gern 好んで　Musik *die* 音楽　hören 聴く　heute きょう　Fußball *der* サッカー　spielen （スポーツを）する　Wein *der* ワイン　trinken 飲む　jetzt 今　Englisch *das* 英語　lernen 学ぶ　in …の中(前置詞，→98頁)　Deutschland ドイツ（国名）　studieren 大学で学ぶ

注 名詞の後ろの *der* は男性名詞であることを，*die* は女性名詞であることを，*das* は中性名詞であることを示します(→75頁)。固有名詞の場合は省略します。

45

第 2 週 2 日目 -B

9 日目 -B　主語が「人」を表す名詞の場合

月　　日

対策問題

次の文で空欄（　）の中に入れるのに最も適切な動詞の形を，下の 1〜3 のうちから選び，その番号を解答欄に記入しなさい。

Hans（　）gern Musik.

1　hörst　　　2　hört　　　3　höre

解答欄　□

注　Hans [ハンス] ハンス（男名），gern [ゲルン] 喜んで，Musik *die* [ムズィーク]，hörst [ヘーアスト] / hört [ヘーアト] / hören [ヘーレン]（< hören 聴く）

確認ポイント

- □ 主語が「人」を表す名詞の場合，3 人称として扱う。
- □ 動詞の形は，3 人称の人称代名詞 er / sie の場合と同じになる。

解説と解答

選択肢は動詞 hören の人称変化形（hör- が語幹）。

設問文の主語 Hans は男性の名前。人称代名詞に書き換えると，3 人称・単数の er「彼は」。主語が er の場合の人称語尾は -t。したがって，正解は 2。訳は，「ハンスは音楽を聴くのが好きです」。

以下，人称語尾を，念のため，一覧表として示しておきます。

	単数	語尾	複数	語尾
1 人称	ich	-e	wir	-en
2 人称　親称	du	-st	ihr	-t
3 人称	er / sie / es	-t	sie	-en
2 人称　敬称	Sie	-en	Sie	-en

名詞が主語なら 3 人称！

主語が名詞の場合，それを人称代名詞で置き換えたらどうなるかを考えます。単数か複数かについても注意。そして，その人称代名詞の場合と同じ語尾を付けます。名詞が主語の場合，動詞の形は必ず 3 人称！

46

対策学習 主語が「人」を表す名詞の場合の人称変化 ‥‥‥‥‥

☆名詞（固有名詞，普通名詞など）が主語の場合，3 人称扱いになります（話し手でも，聞き手でもないため）。したがって，動詞の語尾は，単数ならば -t（3 人称・単数）に，複数ならば -en（3 人称・複数）になります。

1 固有名詞

□ **Anke** アンケ

Anke spiel**t** gern Tennis.
アンケ シュピールト テニス

アンケはテニスをするのが好きです。

Anke = sie「彼女は」
= 語尾 -t（3 人称・単数）

□ **Jan** und* **Hans** ヤンとハンス

Jan und **Hans** hör**en** gern Musik.
ヤン ウント ヘーレン ムズィーク

ヤンとハンスは音楽を聴くのが好きです。

Jan und Hans = sie「彼らは」
= 語尾 -en（3 人称・複数）
* 接続詞「…と」，→ 65 頁。

2 普通名詞

□ mein* **Onkel** 私のおじ

Mein **Onkel** spiel**t** gern Fußball.
マイン オンケル フースバル

私のおじはサッカーをするのが好きです。

mein Onkel = er「彼は」
= 語尾 -t（3 人称・単数）
* 所有冠詞，→ 83 頁。

□ die **Kinder*** 子供たち

Die **Kinder** spiel**en** gern draußen.
キンダー シュピーレン ドラオセン

子供たちは外で遊ぶのが好きです。

die Kinder = sie「彼らは」
= 語尾 -en（3 人称・複数）
*das Kind の複数形，→ 86 頁。

□ meine **Eltern*** 私の両親

Meine **Eltern** wohn**en** in Köln.
マイネ エルターン ヴォーネン ケルン

両親はケルンに住んでいます。

meine Eltern = sie「彼らは」
= 語尾 -en（3 人称・複数）
* 常に複数形として扱う。

47

実戦トレーニング

次の文で空欄（　　）の中に入れるのに最も適切なものを，下の **1〜3** のうちから
選び，その番号を解答欄に記入しなさい。

(1) Hans　（　　）　gern.
　　ハンス　　　　　　ゲルン

　　1 koche　　　**2** kochen　　　**3** kocht　　　　解答欄 ☐
　　　コッヘ　　　　　　コッヘン　　　　　　コホト

(2) Sabine　und　Frank　（　　）　heute　Tennis.
　　ザビーネ　ウント　フランク　　　　　　ホイテ　　テニス

　　1 spielst　　**2** spielen　　**3** spielt　　　解答欄 ☐
　　　シュピールスト　　シュピーレン　　　シュピールト

(3) Mein*　Bruder　（　　）　Medizin.
　　マイン　　ブルーダー　　　　　　メディツィーン

　　1 studiert　　**2** studieren　　**3** studierst　　解答欄 ☐
　　　シュトゥディーアト　　シュトゥディーレン　　シュトゥディーアスト

　　* 所有冠詞「私の」，→ 83 頁。

(4) Mein　Sohn　und　meine*　Tochter　（　　）.
　　　　　　ゾーン　　　　　　マイネ　　　トホター

　　1 studiere　　**2** studiert　　**3** studieren　　解答欄 ☐
　　　シュトゥディーレ

　　* 所有冠詞「私の」，→ 83 頁。

(5) Was　（　　）　Hans　und　Sabine?
　　ヴァス

　　1 trinken　　**2** trinke　　**3** trinkt　　　解答欄 ☐
　　　トリンケン　　　トリンケ　　　　トリンクト

単語

Hans ハンス（男名）　gern 好んで　kochen 料理をする　Sabine ザビーネ（女名）　und そして
（接続詞，→ 65 頁）　Frank フランク（男名）　heute きょう　Tennis *das* テニス　Bruder *der* 兄
〈弟〉　Medizin *die* 医学　studieren 専攻する：大学で学ぶ　Sohn *der* 息子　Tochter *die* 娘
was 何を（疑問詞，→ 96 頁）　trinken 飲む

48

補足学習　「人」を表す名詞を受ける人称代名詞

☆先行文の，「人」を表す名詞を繰り返さず，人称代名詞で受ける場合，名詞が男性を表すならば**男性形 er** を，女性を表すならば**女性形 sie** を，複数の人を表すならば**複数形 sie** を使います。

(1) **Frank** ist* Student. **Er** wohnt in Köln.
　　フランク　　シュトゥデント　　ヴォーント　　ケルン

フランクは学生です。彼はケルンに住んでいます。

*「…である」　　　　　　　　　　　　　　　　　　　　　　　　　　（Frank → er）

(2) **Sabine** ist Studentin*. **Sie** wohnt in Köln.
　　ザビーネ　　シュトゥデンティン

ザビーネは学生(女性)です。彼女はケルンに住んでいます。

* 主語が女性の場合，それに応じて，この部分も女性形(Studentin)になります。

（Sabine → sie（3人称・女性形））

(3) **Meine Tochter** wohnt in Bonn. **Sie** spielt gern Tennis.
　　マイネ　トホター　　　　　　　　　　　シュピールト

私の娘はボンに住んでいます。彼女はテニスをするのが好きです。

（meine Tochter → sie（3人称・女性形））

(4) **Jan** und **Max** wohnen zusammen. **Sie** sind* Freunde.
　　ヤン　　　マックス　ヴォーネン　　ツザムメン　　　　　　フロインデ

ヤンとマックスは一緒に暮らしています。彼らは友達なのです。

*「…である」　　　　　　　　　　　　　　（Jan + Max → sie（3人称・複数））

(5) Er hat* einen **Bruder** und eine **Schwester**. **Sie** studieren
　　　　ハット　　　ブルーダー　　　　　　シュヴェスター　　　シュテュディーレン
in Japan.
　　ヤーパン

彼には兄〈弟〉と姉〈妹〉がいます。二人は日本の大学で学んでいます。

*「持っている」　　　　　　　　（Bruder + Schwester → sie（3人称・複数））

文頭に置かれた人称代名詞 Sie は，上掲の(2)(3)の場合，3人称・単数の sie，上掲の(4)(5)の場合は，3人称・複数の sie です。文頭にある場合，すべてが Sie になるため，文脈に応じて読み取る必要があります。

第 2 週 3 日目

10 日目　口調上の e

月　　日

対策問題　次の文で空欄（　）の中に入れるのに最も適切な動詞の形を，下の 1〜3 のうちから選び，その番号を解答欄に記入しなさい。

Er (　) in Köln.

1　arbeiten　　2　arbeitet　　3　arbeitest

解答欄　□

注　in［イン］…の中（前置詞，→ 98 頁）　Köln［ケルン］ケルン（都市名）

確認ポイント

□ 動詞の語幹末尾が **-t**, **-d** の場合，主語が du, er / sie / es, ihr ならば，人称語尾は，**口調上の e** を入れて，**-est**, **-et** になる。

解説と解答

選択肢は動詞 arbeiten「働く」の人称変化形。arbeit- が語幹。

設問文の主語は er。したがって，人称語尾は -t。しかし，語幹が **-t** や **-d** で終わる場合，発音上の都合で，du, er / sie / es, ihr のところで，語幹と語尾の間に e を挿入するので，正解は **2**（語尾 -et）。訳は，「彼はケルンで働いています」。なお，挿入する e を 口調上の e と呼びます。

動詞 arbeiten の人称変化形は，以下のようになります。

ich	arbeite アルバイテ	wir	arbeiten アルバイテン
du	**arbeitest** アルバイテスト	ihr	**arbeitet** アルバイテット
er / sie / es	**arbeitet**	sie	arbeiten
Sie	arbeiten	Sie	arbeiten

> du, er / sie / es, ihr の 3 か所のみ！

語幹に規則通りの人称語尾を付けると，-tst, -tt となり，発音しにくいので，e を入れるのです。**語幹**と**語尾**の切れ目をしっかり意識してください！

対策学習 ・・・・・・・・・・・・・・ 口調上の e ・・・・・・・・・・・・・・・・・・・・・・・・・・・・・

注 語幹が -t や -d で終わる動詞はそれほど多くありません。2011 年度春期から 2017 年度冬期までの間に **finden** が 4 回，**arbeiten** が 3 回出題されています。また，finden は主に「見つける」という意味ではなく，以下のように「…を〜と思う」という意味で出題されます。

Ich **finde** die Stadt sehr schön.
私はその町をとても美しいと思います。

語幹の末尾が t　　　　　　　　　　　　　　　　口調上の e

☐ heira**t**en　　☐ ich　heirate　　☐ du　**heiratest**　　☐ er　**heiratet**
ハイラーテン　　　　　　　ハイラーテ　　　　　　　ハイラーテスト　　　　　　ハイラーテット
結婚する　　　　☐ wir　heiraten　　☐ ihr　**heiratet**　　☐ sie　heiraten
　　　　　　　　☐ Sie　heiraten（2 人称・敬称，単数複数同形）

☐ rei**t**en　　☐ ich　reite　　☐ du　**reitest**　　☐ er　**reitet**
ライテン　　　　　　　　ライテ　　　　　　　　ライテスト　　　　　　ライテット
馬に乗る　　　　☐ wir　reiten　　☐ ihr　**reitet**　　☐ sie　reiten
　　　　　　　　☐ Sie　reiten（2 人称・敬称，単数複数同形）

☐ war**t**en　　☐ ich　warte　　☐ du　**wartest**　　☐ er　**wartet**
ヴァルテン　　　　　　　ヴァルテ　　　　　　　ヴァルテスト　　　　　　ヴァルテット
待つ　　　　　　☐ wir　warten　　☐ ihr　**wartet**　　☐ sie　warten
　　　　　　　　☐ Sie　warten（2 人称・敬称，単数複数同形）

語幹の末尾が d　　　　　　　　　　　　　　　　口調上の e

☐ fin**d**en　　☐ ich　finde　　☐ du　**findest**　　☐ er　**findet**
フィンデン　　　　　　　フィンデ　　　　　　　フィンデスト　　　　　　フィンデット
見つける　　　　☐ wir　finden　　☐ ihr　**findet**　　☐ sie　finden
　　　　　　　　☐ Sie　finden（2 人称・敬称，単数複数同形）

☐ ba**d**en　　☐ ich　bade　　☐ du　**badest**　　☐ er　**badet**
バーデン　　　　　　　　バーデ　　　　　　　　バーデスト　　　　　　バーデット
入浴する　　　　☐ wir　baden　　☐ ihr　**badet**　　☐ sie　baden
　　　　　　　　☐ Sie　baden（2 人称・敬称，単数複数同形）

語末が -t, -d だと口語上の e

51

実戦トレーニング

次の文で空欄（　　）の中に入れるのに最も適切なものを，下の**1～3**のうちから選び，その番号を解答欄に記入しなさい。

(1) Frank （　　） fleißig.
フランク　　　　　フライスィヒ

  1 arbeitet　　　**2** arbeitest　　　**3** arbeite　　　　解答欄 ⬜
    アルバイテット　　　アルバイテスト　　　アルバイテ

(2) Maria （　　） immer sofort.
マリーア　　　　　イムマー　ゾフォルト

  1 antworten　　　**2** antwortest　　　**3** antwortet　　　解答欄 ⬜
    アントヴォルテン　　アントヴォルテスト　　アントヴォルテット

(3) Maria und Frank （　　） morgen.
マリーア　ウント　フランク　　　　　　モルゲン

  1 heiraten　　　**2** heiratet　　　**3** heiratest　　　解答欄 ⬜
    ハイラーテン　　　ハイラーテット　　　ハイラーテスト

(4) Ich （　　） hier schon lange.
　　　　　　　　ヒーア　ショーン　ランゲ

  1 warten　　　**2** warte　　　**3** wartest　　　解答欄 ⬜
    ヴァルテン　　　ヴァルテ　　　ヴァルテスト

(5) Meine Frau （　　） sehr gern.
マイネ　フラオ　　　　　　ゼーア　ゲルン

  1 bade　　　**2** badest　　　**3** badet　　　解答欄 ⬜
    バーデ　　　バーデスト　　　バーデット

(6) Du （　　） zu viel.
　　　　　　ツー　フィール

  1 redet　　　**2** redest　　　**3** reden　　　解答欄 ⬜
    レーデット　　　レーデスト　　　レーデン

単語

Frank フランク（男名）　fleißig 勤勉な　arbeiten 働く　Maria マリア（女名）　immer いつも　sofort すぐに　antworten 返事をする　und そして（接続詞．→ 65 頁）　morgen 明日　heiraten 結婚する　hier ここ　schon もう　lange 長い間　warten 待つ　meine 私の（所有冠詞．→ 83 頁）　Frau *die* 妻　sehr とても　gern 喜んで　baden 風呂に入る　zu …過ぎる　viel 多く　reden しゃべる

第 2 週 4 日目

11 日目　末尾が -s / -ß / -z / -tz の動詞

月　　日

33

対策問題　次の文で空欄（　）の中に入れるのに最も適切な動詞の形を，下の 1～3 のうちから選び，その番号を解答欄に記入しなさい。

Wie（　）du?

1　heißen　　　2　heiße　　　3　heißt

解答欄 □

注　wie どのように（疑問詞，→ 96 頁）

確認ポイント

□ 動詞の語幹の末尾が -s / -ß / -z / -tz の場合，2 人称・親称・単数(du) の人称語尾が -st ではなく，(s を削除して) -t のみになる。

解説と解答

　選択肢は動詞 heißen［ハイセン］「…という名前である」の人称変化形。heiß- が語幹。

　設問文の主語は du。したがって，人称語尾は，本来，-st。しかし，語幹が -s / -ß / -z / -tz で終わる場合，発音上の都合で，-st ではなく，-t のみを付けます。したがって，正解は 3 (語尾 -t)。訳は，「君の名前は何と言いますか？」。

　動詞 heißen の人称変化形は，以下のようになります。

ich	heiße ハイセ	wir	heißen ハイセン
du	**heißt** ハイスト	ihr	**heißt**
er / sie / es	**heißt**	sie	heißen
Sie	heißen	Sie	heißen

末尾の発音が［…ススト／…ツスト］の場合，「ス」を一つ削除すると覚えるのも一つの手。なお，du heißt の heißt も，［ハイス**ト**］なので，ちゃんと 2 人称・親称・単数の人称語尾が付いている感じになりませんか？

対策学習 **⋯ 末尾が -s / -ß / -z / -tz の主な動詞 ⋯⋯⋯⋯⋯⋯⋯**

☆主語が du の場合にのみ注意が必要です。er や ihr の場合と同形になります。
確認しましょう。

ここに注意！

☐ lösen レーゼン	☐ ich löse レーゼ	☐ du löst レースト	☐ er löst
（問題を） 解決する	☐ wir lösen ☐ Sie lösen（敬称，単数複数同形）	☐ ihr löst	☐ sie lösen

☐ reisen ライゼン	☐ ich reise ライゼ	☐ du reist ライスト	☐ er reist
旅行する	☐ wir reisen ☐ Sie reisen（敬称，単数複数同形）	☐ ihr reist	☐ sie reisen

☐ küssen キュッセン	☐ ich küsse キュッセ	☐ du küsst キュスト	☐ er küsst
キスをする	☐ wir küssen ☐ Sie küssen（敬称，単数複数同形）	☐ ihr küsst	☐ sie küssen

☐ grüßen グリューセン	☐ ich grüße グリューセ	☐ du grüßt グリュースト	☐ er grüßt
挨拶する	☐ wir grüßen ☐ Sie grüßen（敬称，単数複数同形）	☐ ihr grüßt	☐ sie grüßen

☐ tanzen タンツェン	☐ ich tanze タンツェ	☐ du tanzt タントット	☐ er tanzt
踊る	☐ wir tanzen ☐ Sie tanzen（敬称，単数複数同形）	☐ ihr tanzt	☐ sie tanzen

☐ sitzen ズィッツェン	☐ ich sitze ズィッツェ	☐ du sitzt ズィット	☐ er sitzt
座っている	☐ wir sitzen ☐ Sie sitzen（敬称，単数複数同形）	☐ ihr sitzt	☐ sie sitzen

☐ setzen ゼッツェン	☐ ich setze ゼッツェ	☐ du setzt ゼット	☐ er setzt
座らせる	☐ wir setzen ☐ Sie setzen（敬称，単数複数同形）	☐ ihr setzt	☐ sie setzen

実戦トレーニング

次の文で空欄（　　）の中に入れるのに最も適切なものを，下の**1**〜**3**のうちから選び，その番号を解答欄に記入しなさい。

(1) Ich　（　　）　Sabine.
　　　　　　　　　　　ザビーネ

　　1　heiße　　　　**2**　heißen　　　　**3**　heißt　　　　解答欄 ☐
　　　　　ハイセ　　　　　　　ハイセン　　　　　　　ハイスト

(2) Sabine　（　　）　gern　allein.
　　　　　　　　　　　　　ゲルン　　アライン

　　1　reise　　　　**2**　reist　　　　**3**　reisen　　　　解答欄 ☐
　　　　　ライゼ　　　　　　ライスト　　　　　　ライゼン

(3) Sabine　und　Anna　（　　）　immer　zusammen.
　　　　ザビーネ　　　　アンナ　　　　　　イムマー　　ツザムメン

　　1　reise　　　　**2**　reist　　　　**3**　reisen　　　　解答欄 ☐
　　　　　ライゼ　　　　　　ライスト　　　　　　ライゼン

(4) Mein　Lehrer　（　　）　allein　auf　der　Bank　im　Park.
　　　　　　　レーラー　　　　　　アライン　アオフ　　　バンク　イム　バルク

　　1　sitzt　　　　**2**　sitze　　　　**3**　sitzen　　　　解答欄 ☐
　　　　　ズィット　　　　　ズィッツェ　　　　　ズィッツェン

(5) （　　）　du　gern?（決定疑問文）
　　　　　　　　　ゲルン

　　1　Tanze　　　　**2**　Tanzen　　　　**3**　Tanzt　　　　解答欄 ☐
　　　　　タンツェ　　　　　タンツェン　　　　　タントット

単語

Sabine ザビーネ（女名）　heißen …という名前である　gern 喜んで　allein 一人で　reisen 旅行をする　und そして（接続詞，→65頁）　Anna アンナ　immer いつも　zusammen 一緒に　mein 私の（所有冠詞，→83頁）　Lehrer *der* 先生　auf …の上（前置詞，→98頁）　Bank *die* ベンチ　im （「…の中で」，前置詞 in と定冠詞 dem の融合形，→100頁）　Park *der* 公園　sitzen 座っている　gern 喜んで　tanzen ダンスをする

55

第 2 週 5 日目

12日目　不規則変化動詞

月　　日

対策問題　次の文で空欄（　）の中に入れるのに最も適切な動詞の形を，下の1〜3のうちから選び，その番号を解答欄に記入しなさい。

Er（　）morgen nach Berlin.

1　fahre　　　2　fährt　　　3　fährst

解答欄　□

注 morgen ［モルゲン］明日　nach ［ナーハ］…へ（前置詞，→ 98 頁）　Berlin ［ベルリーン］ベルリン（都市名）

確認ポイント

□ 主語が 2 人称・親称・単数（du）と 3 人称・単数（er / sie / es）の場合に語幹の母音（幹母音）a を ä におよび e を i / ie を変える動詞がある。

解説と解答

選択肢は幹母音が a と ä の人称変化形。動詞 fahren「（乗り物で）行く」は，主語が du と er / sie / es のとき，幹母音 a を ä に変えて，人称語尾を付けます。設問文の主語は er。したがって，正解は 2。訳は，「彼は明日ベルリンへ行きます」。

動詞 fahren「（乗り物で）行く」の人称変化形は，以下のようになります。

ich	fahre	wir	fahren
	ファーレ		ファーレン
du	**fährst**	ihr	fahrt
	フェーアスト		ファールト
er / sie / es	**fährt**	sie	fahren
	フェーアト		
Sie	fahren	Sie	fahren

複数はつねに規則変化！

まず，選択肢の動詞の語幹が同一かどうかを確認する。同一でなければ，不規則変化動詞。次に，主語を確認する。主語が du ならば -st，主語が er / sie / es ならば -t。

対策学習 ・・・・・・・・・・・・ 不規則変化動詞 ・・・・・・・・・・・・・・・・・・・・・・・・・

☆不規則変化動詞は，設問文や出題テキストでよく使われますので，これらを
しっかり学んでおくことは，独検対策の重要な一つです。前頁の設問では，幹
母音 a をウムラウトさせるものでしたが，それ以外に，**幹母音 e を i / ie にする**
ものもあります。以下に，具体的な例を挙げることにします。なお，繰り返し
になりますが，問題になるのは **du** と **er** (sie / es)のところのみです。

1 a⇒ä タイプ

ここに注意！

- [ ] schlafen
  シュラーフェン

  眠る
- [ ] ich schlafe
  シュラーフェ
- [ ] **du schläfst**
  シュレーフスト
- [ ] **er schläft**
  シュレーフト
- [ ] wir schlafen
- [ ] ihr schlaft
  シュラーフト
- [ ] sie schlafen
- [ ] Sie schlafen（敬称；単数複数同形）

- [ ] tragen
  トラーゲン

  運ぶ；身に
  つけている
- [ ] ich trage
  トラーゲ
- [ ] **du trägst**
  トレークスト
- [ ] **er trägt**
  トレークト
- [ ] wir tragen
- [ ] ihr tragt
  トラークト
- [ ] sie tragen
- [ ] Sie tragen（敬称；単数複数同形）

> fallen［ファレン］「落ちる」とか
> fangen［ファンゲン］「捕まえる」の
> 一覧表をとも考えたのですが，
> 出題されそうもないので，止めました。
> でも，出題されたら…。

2 e⇒i / ie タイプ

ここに注意！

- [ ] sprechen
  シュプレッヒェン

  話す
- [ ] ich spreche
  シュプレッヒェ
- [ ] **du sprichst**
  シュプリヒスト
- [ ] **er spricht**
  シュプリヒト
- [ ] wir sprechen
- [ ] ihr sprecht
  シュプレヒト
- [ ] sie sprechen
- [ ] Sie sprechen（敬称；単数複数同形）

57

☐ helfen ヘルフェ 手助けする	☐ ich helfe ヘルフェ	☐ **du hilfst** ヒルフスト	☐ **er hilft** ヒルフト
	☐ wir helfen	☐ ihr helft ヘルフト	☐ sie helfen
	☐ Sie helfen（敬称；単数複数同形）		

s を削除

☐ essen エッセン 食べる	☐ ich esse エッセ	☐ **du isst** イスト	☐ **er isst**
	☐ wir essen	☐ ihr esst エスト	☐ sie essen
	☐ Sie essen（敬称；単数複数同形）		

☐ sehen ゼーエン 見る	☐ ich sehe ゼーエ	☐ **du siehst** ズィースト	☐ **er sieht** ズィート
	☐ wir sehen	☐ ihr seht ゼート	☐ sie sehen
	☐ Sie sehen（敬称；単数複数同形）		

長母音

☐ geben ゲーベン 与える	☐ ich gebe ゲーベ	☐ **du gibst** ギープスト	☐ **er gibt** ギープト
	☐ wir geben	☐ ihr gebt ゲープト	☐ sie geben
	☐ Sie geben（敬称；単数複数同形）		

s を削除

☐ lesen レーゼン 読む	☐ ich lese レーゼ	☐ **du liest** リースト	☐ **er liest** リースト
	☐ wir lesen	☐ ihr lest レースト	☐ sie lesen
	☐ Sie lesen（敬称；単数複数同形）		

特殊

☐ werden ヴェーアデン …になる	☐ ich werde ヴェーアデ	☐ du **wirst** ヴィルスト	☐ er **wird** ヴィルト
	☐ wir werden	☐ ihr **werdet** ヴェーアデット	☐ sie werden
	☐ Sie werden（敬称；単数複数同形）		

口調上の e も

実戦トレーニング

次の文で空欄（　　）の中に入れるのに最も適切なものを，下の**1**～**3**のうちら選び，その番号を解答欄に記入しなさい。

(1) Das Baby （　　） fest.
　　　ベービ　　　　　　　フェスト

　　　1 schlafen　　**2** schläft　　**3** schläfst　　　解答欄 ☐
　　　シュラーフェン　　　シュレーフト　　　シュレーフスト

(2) （　　） du morgen nach Wien?
　　　　　　　　　モルゲン　ナーハ　ヴィーン

　　　1 Fahrt　　**2** Fährt　　**3** Fährst　　　解答欄 ☐
　　　ファールト　　　フェーアト　　　フェーアスト

(3) Anke （　　） einen Ring am Finger.
　　アンケ　　　　　　　　リング　アム　フィンガー

　　　1 trägt　　**2** trägst　　**3** tragen　　　解答欄 ☐
　　　トレークト　　　トレークスト　　　トラーゲン

(4) Er （　　） Englisch und Deutsch.
　　　　　　　エングリッシュ　　　ドイチュ

　　　1 sprecht　　**2** spricht　　**3** sprechen　　解答欄 ☐
　　　シュプレヒト　　　シュプリヒト　　　シュプレッヒェン

(5) Mein Vater （　　） die Zeitung.
　　マイン　ファーター　　　　　　　ツァイトゥング

　　　1 lesen　　**2** liest　　**3** lest　　　解答欄 ☐
　　　レーゼン　　　リースト　　　レースト

単語

Baby *das* 赤ん坊　fest ぐっすり　schlafen 眠る　morgen 明日　nach …へ（前置詞，→ 98 頁）
Wien ウィーン（都市名）　fahren （乗り物で）行く　Anke アンケ（女名）　Ring *der* 指輪　am
（「…に付けて」，前置詞 an と定冠詞の融合形，→ 100 頁）　Finger *der* 指　tragen 身につけている
Englisch *das* 英語　und そして（接続詞；→ 65 頁）　Deutsch *das* ドイツ語　sprechen 話す
mein 私の（所有冠詞，→ 83 頁）　Vater *der* 父　Zeitung *die* 新聞　lesen 読む

(6) （　　） du der Mutter beim Kochen?
ムッター　　バイム　　コッヘン

1　Helfe　　　　2　Helft　　　　3　Hilfst　　　解答欄 ☐
ヘルフェ　　　　　　ヘルフト　　　　　　　ヒルフスト

(7) Der Lehrer （　　） der Studentin ein Wörterbuch.
レーラー　　　　　　シュトゥデンティン　　　ヴェルターブーフ

1　gibt　　　　　2　gibst　　　　3　gebt　　　解答欄 ☐
ギープト　　　　　　ギープスト　　　　　ゲープト

(8) Heike （　　） Lehrerin.
ハイケ　　　　　レーレリン

1　wirst　　　　2　werdet　　　3　wird　　　解答欄 ☐
ヴィルスト　　　　ヴェーアデット　　　ヴィルト

単語

Mutter *die* 母（*der Mutter* 母親に：3格）　beim（「…の際に」，前置詞 bei と定冠詞の融合形．
→100頁）　Kochen *das* 料理　helfen 手助けをする　Lehrer *der* 先生　Studentin *die* 女子学生（*der Studentin* 女子学生に：3格）　Wörterbuch *das* 辞書　geben 与える：くれる　Heike ハイケ（女名）　Lehrerin *die* 教師（女性）　werden …になる

☆ **2011 年度春期から 2017 年度冬期までに出題された不規則変化動詞**

2017 年度夏期	sprechen	Sie **spricht** gut Deutsch.
		彼女はドイツを上手に話します。
2016 年度夏期	sehen	Er **sieht** gern Tennisspiele.
		彼はテニスの試合を見るのが好きです。
2015 年度春期	fahren	Er **fährt** so gern Auto.
		彼は車を運転するのがとても好きです。
2013 年度秋期	schlafen	Das Baby **schläft** lange.
		赤ん坊は長時間眠ります。
2013 年度春期	sehen	Hans **sieht** ohne Brille nichts.
		ハンスはメガネがないと何も見えません。

注 sprechen は 2014 年度秋期と 2012 年度秋期にも，schlafen は 2011 年度秋期にも出題されています。2011 年度春期には gefallen。5級には無理じゃないですかね？

第 2 週 6 日目

13日目　動詞 sein と haben

月　　日

>
> 35
>
> **対策問題**　次の(1)(2)の文で空欄(　)の中に入れるのに最も適切な動詞の形を，下の1～3のうちから選び，その番号を解答欄に記入しなさい。
>
> (1) (　) du Geschwister?
>
> 　　1　Hast　　2　Hat　　3　Habt
>
> (2) Er (　) Arzt.
>
> 　　1　bin　　2　bist　　3　ist
>
> 　　　　　　　　　　　　　解答欄　(1) □　(2) □
>
> 注　Geschwister［ゲシュヴィスター］(複数形)兄弟姉妹(→ 86 頁)，Arzt［アールット］*der* 医者

確認ポイント

- [ ] 動詞 sein［ザイン］「…である」と haben［ハーベン］「…を持っている」は最基本動詞ですが，変化形は極めて不規則。

解説と解答

設問(1)の選択肢は，語幹 hab- が少し崩れていますが，動詞 haben の人称変化形 (du *hab*st［誤］→ hast；er *hab*t［誤］→ hat)。主語が du の場合の du -st というつながりを考えれば，正解は 1。訳は，「君には兄弟(姉妹)がいますか？」。

設問(2)の選択肢は，語幹 sei- の面影がみじんもありませんが，動詞 sein の人称変化形。推測するのも難しいですが，主語が er の場合の語尾 (-t) を考えれば，正解は選択肢の 2 か 3。ただし，2 の語尾が -st (du の人称語尾)なので，外すと，正解は 3 (実際も正解は 3)。訳は，「彼は医師です」。

動詞 sein はまったく不規則。動詞 haben は，du と er のところが少し不規則なだけですが，最基本動詞なので，理屈なしに暗記しましょう。sein は毎回出題されている感じです。

61

対策学習 … 動詞 sein と haben の人称変化形

☆動詞 **sein** と **haben** の人称変化表。

- □ sein
  ザイン
  …である
- □ ich **bin**
  ビン
- □ du **bist**
  ビスト
- □ er **ist**
  イスト
- □ wir **sind**
  ズィント
- □ ihr **seid**
  ザイト
- □ sie **sind**
- □ Sie **sind** （敬称；単数複数同形）

- □ haben
  ハーベン
  持っている
- □ ich habe
  ハーベ
- □ du **hast**
  ハスト
- □ er hat
  ハット
- □ wir haben
- □ ihr **habt**
  ハープト
- □ sie haben
- □ Sie haben （敬称；単数複数同形）

動詞の現在人称変化形一覧をまとめてみました。

〈規則変化〉　□ geh**en**　行く
- □ ich geh**e**
- □ du gehst
- □ er geht
- □ wir geh**en**
- □ ihr geht
- □ sie geh**en**

〈口調上の e〉　□ fin**d**en　見つける
- □ ich finde
- □ du **findest**
- □ er **findet**
- □ wir finden
- □ ihr **findet**
- □ sie finden

〈末尾音の s〉　□ rei**s**en　旅行する
- □ ich reise
- □ du **reist**
- □ er **reist**
- □ wir reisen
- □ ihr reist
- □ sie reisen

〈不規則変化〉　□ **helf**en　手助けする
- □ ich helfe
- □ du **hilfst**
- □ er **hilft**
- □ wir helfen
- □ ihr helft
- □ sie helfen

注 2人称・敬称の変化形は，3人称・複数と常に同一になるため，省略。

実戦トレーニング

次の文で空欄（　　）の中に入れるのに最も適切なものを，下の1～3のうちから選び，その番号を解答欄に記入しなさい（(1)(2)(5)(6)は決定疑問文）。

(1) （　　） du Hunger?
フンガー

1 Hat　　　　2 Haben　　　　3 Hast　　　　解答欄 ☐
ハット　　　　　　ハーベン　　　　　　ハスト

(2) （　　） Sie Zeit?
ツァイト

1 Habe　　　　2 Haben　　　　3 Hast　　　　解答欄 ☐
ハーベ　　　　　　ハーベン　　　　　　ハスト

(3) Ich （　　） Durst.
ドゥルスト

1 habe　　　　2 haben　　　　3 hast　　　　解答欄 ☐
ハーベ　　　　　　ハーベン　　　　　　ハスト

(4) Frank （　　） Student.
フランク　　　　シュトゥデント

1 sein　　　　2 sind　　　　3 ist　　　　解答欄 ☐
ザイン　　　　　　ズィント　　　　　イスト

(5) （　　） du Studentin?
シュトゥデンティン

1 Bin　　　　2 Bist　　　　3 Seid　　　　解答欄 ☐
ビン　　　　　　ビスト　　　　　ザイト

(6) （　　） ihr Studenten?
イーア　シュトゥデンテン

1 Sein　　　　2 Seid　　　　3 Sind　　　　解答欄 ☐
ザイン　　　　　　ザイト　　　　　ズィント

単語

Hunger *der* 空腹　haben 持っている　Zeit *die* 時間　Durst *der* 喉の渇き　sein …である
Student *der* 学生　Studentin *die* 女子学生　Studenten（Student *der*「学生」の複数形；→86頁）

第2週 7日目

14日目　接続詞 und の後ろの動詞

月　　日

36

対策問題　次の文で空欄（　）の中に入れるのに最も適切な動詞の形を，下の1〜3のうちから選び，その番号を解答欄に記入しなさい。

Frank singt gern und（　　）auch Klavier.
1　spielst　　2　spielt　　3　spielen

解答欄　□

確認ポイント

- □ 複数の文が結びつく場合，前文の主語が省略されることがある。
- □ 動詞の形は省略された主語に応じて決まる。

解説と解答

選択肢は動詞 spielen「(楽器を)弾く」の人称変化形。ただし，（　）の前にも後ろにも主語がありません。

二つの文を接続詞 **und**「そして」によって結びつける場合，主語が同一ならば，2番目の文の主語を省略することができるのです。

設問文の省略した主語(青太字)を補うと，以下のようになります。

Frank　singt　gern　und　**Frank**（　　）auch　Klavier.
フランク ズィングト ゲルン 　　　　　　　　　　　 アオホ クラヴィーア

フランクは歌を歌うのが好きです，そしてフランクはピアノも弾きます。

したがって，空欄には主語が Frank の場合の人称変化形(3人称・単数)が入るので，正解は2。

二つの文を und で結びつける場合，通常，主語が同じならば，後ろの主語は省略されます。したがって und のすぐ後ろに，主語ではなく，動詞が置かれ，「... und ＋動詞」という形がありうるのです。したがって，「独検的」には ... und（　　）... という形が来たら，前文の主語に応じた人称変化形を入れればよいことになります。

64

> **対策学習** ··················· 接続詞 ··························

☆ und「そして(=英 and)」と同じように，二つの文を対等に結びつける接続詞は
並列の接続詞と呼びますが，独検で2番目の文の主語が省略され，動詞の形が
問題になるのは，通常 und の場合です。

🔘
37

□ **und**
　ウント

□ そして

〈主語が異なる〉　Der **Hund** bellt **und** die **Katze** miaut.
　　　　　　　　　　 フント　　ベルト　　　　　　カッツェ　ミアオト

　　　　　　　　犬は吠え，猫はニャーと鳴きます。

〈主語が同一〉　　**Sie** singt **und** tanzt sehr gut.
　　　　　　　　　 ズィングト　　　　タンット　ゼーア　グート

　　　　　　　　彼女は歌とダンスがとても上手です。

〈語の結合〉　　　**Jan** **und** **Anke** lernen Japanisch.
　　　　　　　　　 ヤン　　　アンケ　レルネン　ヤパーニッシュ

　　　　　　　　ヤンとアンケは日本語を学びます。

《参照：他の並列の接続詞》───────────────────
第5章以降の出題テキストでは，次のような接続詞も使われますので，ここで
覚えておきましょう。

□ **aber**
　アーバー

□ しかし

Er ist reich, **aber** ich bin arm.
　　　ライヒ　　　　　　　　　アルム

彼は金持ちですが，私は貧乏です。

□ **oder**
　オーダー

□ あるいは

Sie kommt heute **oder** morgen.
　　コムト　ホイテ　　　　モルゲン

彼女はきょうか，あるいは明日来ます。

□ **denn**
　デン

□ というのは，なぜならば

Er schläft noch, **denn** er hat Fieber.
　シュレーフト　ノッホ　　　　　　　　フィーバー

彼はまだ寝ています，熱があるのです。

65

実戦トレーニング

次の文で空欄（　　）の中に入れるのに最も適切なものを，下の **1**～**3** のうちから選び，その番号を解答欄に記入しなさい。

（1）Max trinkt Bier und （　　） nach Hause.
マックス　トリンクト　ビーア

1 geht　　　　　**2** gehst　　　　　**3** gehen　　　　解答欄 ☐
ゲート　　　　　　ゲースト　　　　　　ゲーエン

（2）Mein Vater sitzt im Sessel und （　　） die Zeitung.
マイン　ファーター　ズィッツト　ゼッセル　　　　　　　　　ツァイトゥング

1 lesen　　　　　**2** lest　　　　　**3** liest　　　　解答欄 ☐
レーゼン　　　　　　レースト　　　　　　リースト

〈任意〉

（3）Sie schläft schon, aber er （　　） noch.
シュレーフト　ショーン　　　　　　　　ノッホ

1 arbeiten　　　　**2** arbeitest　　　　**3** arbeitet　　解答欄 ☐
アルバイテン　　　　　アルバイテスト　　　　　アルバイテット

（4）Max hat nur wenig Geld, aber er （　　） glücklich.
ハット　ヌーア　ヴェーニヒ　ゲルト　　　　　　　　　グリュックリヒ

1 bist　　　　　**2** ist　　　　　**3** seid　　　　解答欄 ☐
ビスト　　　　　　イスト　　　　　　ザイト

> **注** 接続詞 aber の場合，動詞があるならば，主語を繰り返します。動詞がない場合は語の対比になり，主語は繰り返しません。
> Er ist reich, aber unzufrieden.
> 彼は金持ちですが，満足していません。

単語

Max マックス（男名）　trinken 飲む　Bier *das* ビール　und そして　nach …へ（前置詞，→98頁）　Haus *das* 家　gehen 行く（nach Hause と結びつくと，「帰宅する」）　mein 私の（所有冠詞，→83頁）　Vater *der* 父　sitzen 座っている　im（「…の中で」，前置詞 in と定冠詞 der の融合形，→100頁）　Sessel *der* 安楽椅子　Zeitung *die* 新聞　lesen 読む　schläft（< schlafen 眠っている）　schon もう　noch まだ　arbeiten 働いている　hat（< haben 持っている）　nur ほんの…しか　wenig わずかな　Geld *das* お金　glücklich 幸福な　reich［ライヒ］金持ちの　unzufrieden［ウンツフリーデン］満足していない

66

第 3 週 1 日目

15日目　実際の出題形式

月　　日

対策問題　次の文で空欄(a)～(d)の中に入れるのに最も適切な動詞の形を，下の1～3のうちから選び，その番号を解答欄に記入しなさい。

Max (a) mein Freund. Er (b) morgen Geburtstag und (c) 18 Jahre alt. Wir (d) oft zusammen Tennis.

(a)　1　sind　　　2　bist　　　3　ist
(b)　1　hast　　　2　haben　　3　hat
(c)　1　wird　　　2　werden　　3　werdet
(d)　1　spielt　　2　spielen　　3　spiele

解答欄　(a) ☐　(b) ☐　(c) ☐　(d) ☐

確認ポイント

- ☐ 動詞の**語尾**は，**主語の種類**に応じて異なる。
- ☐ **動詞の形**を決めるには，まず，**主語**を確認する。
- ☐ 主語としての**固有名詞**あるいは**普通名詞**は**3人称**扱い。人称変化形は対応する3人称の**人称代名詞**(er / sie / es; sie)の場合と**同じ形**。
- ☐ 動詞の語幹末尾が -t / -d の場合，2人称・親称・単数(du)，3人称・単数(er / sie / es)，2人称・親称・複数(ihr)の人称語尾は，口調上のeを入れ，-est, -et になる。
- ☐ 動詞の語幹の末尾が -s / -ß / -z / -tz の場合，2人称・親称・単数(du)の人称語尾が -st ではなく，(sを削除して) -t のみになる。
- ☐ 主語が2人称・親称・単数(du)と3人称単数(er / sie / es)の場合に語幹の母音(幹母音) a を ä に，e を i / ie に変える動詞がある。
- ☐ 動詞 sein と haben の人称変化形は(極めて)不規則である。
- ☐ 複数の文が結びつく場合，後方の**主語**が**省略**されることがある。**動詞の形**は省略された主語に応じて決まる。

67

解説と解答

設問は，動詞の形を問うものですが，いくつかの文を結びつけた本番の総合形式に合わせたものです。設問の **1番目の文**

　　　Max　（ a ）　mein　Freund.
　　　マックス　　　　マイン　フロイント

の選択肢は動詞 sein ［ザイン］「…である」の人称変化形。主語は固有名詞 Max。人称代名詞に書き換えると，er。主語が er の場合の人称変化形は ist ［イスト］。したがって，正解は 3。訳は，「マックスは私の友人です」。

2番目の文

　　　Er　（ b ）　morgen　Geburtstag　und　（ c ）　18　Jahre　alt.
　　　　　　　　モルゲン　　ゲブルツターク　ウント　　　　　　ヤーレ　アルト

の空欄 b の選択肢は動詞 haben ［ハーベン］「持っている」の人称変化形。主語は er。主語が er の場合の人称変化形は hat ［ハット］。したがって，正解は 3。訳は，「彼は明日が誕生日です。…」。空欄（c）の選択肢は動詞 werden ［ヴェーアデン］「…になる」の人称変化形。空欄の前に und がありますが，主語がありません。前文の主語と同一なので，省略されているのです。したがって，主語は前文の主語 er。主語が er の場合の人称変化形は wird ［ヴィルト］なので，正解は 1。訳は，「…そして（彼は）18歳になります」）。なお，werden は「数字＋ Jahre alt」と結びつくと，「…歳になる」。18 は［アハトツェーン］と読みます。

3番目の文

　　　Wir　（ d ）　oft　zusammen　Tennis.
　　　　　　　　　　オフト　ツザムメン　　テニス

の空欄（d）の選択肢は動詞 spielen ［シュピーレン］「（スポーツを）する」の人称変化形。主語は wir。主語が wir の場合の人称変化形は spielen。したがって，正解は 2。訳は，「私たちはしばしば一緒にテニスをします」。

複数の文が並んで複雑そうですが，一つひとつ文を区切り，主語が何かをしっかり押さえれば，問題なく解答できます。

単語

Max マックス（男名）　mein 私の（所有冠詞，→83頁）　Freund der 友人　morgen 明日　Geburtstag der 誕生日　und そして（接続詞，→65頁）　Jahre (Jahr das 「年」の複数形：→86頁)　alt 年をとった　oft しばしば　zusammen 一緒に　Tennis das テニス

実戦トレーニング

次の文で空欄（a）〜（b）の中に入れるのに最も適切な動詞の形を，下の1〜3のうちから選び，その番号を解答欄に記入しなさい。

（1） Heike （ a ） heute Geburtstag. Sie （ b ） gern und （ c ） auch gern Musik. Ich （ d ） für sie einen iPod.

(a)	1	hast	2	haben	3	hat	解答欄
(b)	1	singt	2	singen	3	singe	解答欄
(c)	1	hörst	2	hört	3	hören	解答欄
(d)	1	kauft	2	kaufe	3	kaufst	解答欄

単語

Heike [ハイケ] ハイケ（女名）　heute [ホイテ] きょう　Geburtstag der [ゲブルツターク] 誕生日　gern [ゲルン] 喜んで　und [ウント] そして（接続詞，→65頁）　auch [アオホ] …も　Musik die [ムズィーク] 音楽　für [フューア] …のために（前置詞，→98頁）　sie [ズィー] 彼女を（人称代名詞，→89頁）　iPod der [アイポッド] アイポッド　haben [ハーベン] 持っている　singen [ズィンゲン] 歌う　hören [ヘーレン] 聴く　kaufen [カオフェン] 買う

（2） Max （ a ） aus Österreich. Er （ b ） in Kioto und （ c ） Musik. Wir （ d ） immer zusammen Fußball.

(a)	1	kommen	2	kommt	3	komme	解答欄
(b)	1	wohne	2	wohnst	3	wohnt	解答欄
(c)	1	studiert	2	studiere	3	studieren	解答欄
(d)	1	spielen	2	spiele	3	spielt	解答欄

単語

Max [マックス] マックス（男名）　aus [アオス] …から（前置詞）　Österreich [エースターライヒ] オーストリア（国名）　in [イン] …の中（前置詞）　Kioto（＝Kyoto）京都　und [ウント] そして（接続詞）　Musik die [ムズィーク] 音楽　immer [イムマー] いつも　zusammen [ツザムメン] 一緒に　Fußball der [フースバル] サッカー　kommen [コムメン] 来る　wohnen [ヴォーネン] 住んでいる　studieren [シュトゥディーレン] 大学で学ぶ　spielen [シュピーレン]（スポーツを）する

69

(3) (a) Sie Deutschland? Deutschland (b) in Mitteleuropa. Die Hauptstadt von Deutschland (c) Berlin. Ich (d) bei Lufthansa.

		1		2		3		解答欄
(a)		Kennen		Kenne		Kennst		☐
(b)		liegst		liegt		liegen		☐
(c)		sein		ist		bin		☐
(d)		arbeiten		arbeitet		arbeite		☐

単語

Deutschland [ドイチュラント] ドイツ（国名） in [イン] …の中（前置詞） Mitteleuropa [ミッテルオイローパ] 中央ヨーロッパ（地域名） Hauptstadt die [ハオプトシュタット] 首都 von [フォン] … の（前置詞） Berlin [ベルリーン] ベルリン（都市名） bei [バイ] …のところで（前置詞） Lufthansa [ルフトハンザ] ルフトハンザ（航空会社名） kennen [ケンネン] 知っている liegen [リーゲン] …にある sein [ザイン] …である arbeiten [アルバイテン] 働く

(4) Ich (a) einen deutschen Freund. Er (b) Werner und (c) jetzt in Köln. In diesem Sommer (d) ich ihn. Er (e) gern Sushi.

		1		2		3		解答欄
(a)		haben		habe		habt		☐
(b)		heiße		heißt		heißen		☐
(c)		lebt		lebe		leben		☐
(d)		besuchen		besuche		besucht		☐
(e)		essen		esst		isst		☐

単語

einen [アイネン] ある一人の（不定冠詞. →80頁） deutschen [ドイチェン] ドイツ人の（格語尾の付いた形容詞） Freund der [フロイント] 友人 Werner [ヴェルナー] ヴェルナー（男名） und [ウント] そして（接続詞） jetzt [イェッツト] 今 in [イン] …の中（前置詞） Köln [ケルン] ケルン（都市名） diesem [ディーゼム] この（冠詞の一種, →84頁） Sommer der [ゾムマー] 夏 ihn [イーン] 彼を（人称代名詞） gern [ゲルン] 喜んで Sushi das [ズーシ] 寿司 haben [ハーベン] 持っている heißen [ハイセン] …という名前である leben [レーベン] 暮らしている besuchen [ベズーヘン] 訪ねる essen [エッセン] 食べる isst [イスト]（＜ essen 食べる）

> 確認学習　**主語と動詞の関係をしっかり把握しよう！** ……………

（発音と人称代名詞の意味は省略してあります。辞書を引くことにも慣れましょう！訳は「別冊解答集」8 頁）

《テキスト 1》

🎧
39
Du spiel**st** Klavier.
Sie spiel**t** auch Klavier.
Ihr spiel**t** oft zusammen Klavier.
Ihr seid glücklich.

spielen（楽器を）演奏する
Klavier *das* ピアノ
auch …も　oft しばしば
zusammen 一緒に
seid（< sein …である）
glücklich 幸せな

《テキスト 2》

Max hör**t** gern Musik.
Heike hör**t** auch gern Musik.
Sie hör**en** immer zusammen Musik.
Sie sind auch glücklich.

Max マックス（男名）
hören 聴く　gern 喜んで
Musik *die* 音楽
Heike ハイケ（女名）
immer いつも
sind（< sein …である）

《テキスト 3》

Ich spiel**e** immer allein Klavier.
Ich hör**e** immer allein Musik.
Aber **ich** bin auch glücklich.

allein 一人で
aber しかし
bin（< sein …である）

《少し遊びましょう！（訳は「別冊解答集」8 頁）》————————————————

まず，動詞を探し出し，その語尾を丸で囲み，次に，それぞれの列の語をすべて線で結んで正しいドイツ語文を作り，訳しなさい。

（1）	Frau Schmidt[1]	is**st**	gern Kaffee.
（2）	Hör**st**	trinke	sehr[2] gut[3]?
（3）	Ich	tanz**t**	du gern?
（4）	Kocht	Heike	gern Musik?
（5）	Stefan[4], was	du	sehr gern.

[1] = シュミット夫人　[2] = とても　[3] = 上手に　[4] = シュテファン（男名）

71

確認学習 **会話文に慣れよう！**（解答と訳は「別冊解答集」8頁）・・・・・・・・・

☆（　）内に与えられた動詞の適当な人称変化形を解答欄に書きなさい！

《会話1》（文頭では大文字）

Alex Bauer　：Guten Tag[1]!

　　　　　　　Ich（① heißen）Alex Bauer.

　　　　　　　Wie[2]（② heißen）Sie?

Misa Tani　　：Ich（③ heißen）Misa Tani.

　　　　　　　Ich（④ kommen）aus[3] Japan[4].

Alex Bauer　：Und wo[5]（⑤ wohnen）Sie?

　　　　　　　（⑥ wohnen）Sie in München[6]?

Misa Tani　　：Ja[7]. Ich（⑦ studieren）hier[8].

[1] ＝こんにちは
[2] ＝どのように
[3] ＝…から（前置詞）
[4] ＝日本
[5] ＝どこに（疑問詞）
[6] ＝ミュンヘン（都市名）
[7] ＝はい（英 yes）
[8] ＝ここで

解答欄　①＿＿＿＿＿　②＿＿＿＿＿　③＿＿＿＿＿　④＿＿＿＿＿

　　　　⑤＿＿＿＿＿　⑥＿＿＿＿＿　⑦＿＿＿＿＿

《会話2》（文頭では大文字）

Alex　　　：Hallo[1]! Ich（① heißen）Alex.

　　　　　　Wie（② heißen）du?

Misa　　　：Hallo! Ich（③ heißen）Misa.

Alex　　　：Woher[2]（④ kommen）du?

Misa　　　：Ich（⑤ kommen）aus Japan.

　　　　　　Ich（⑥ sein）Japanerin[3].

　　　　　　（⑦ sein）du Deutscher[4]?

Alex　　　：Ja. Ich（⑧ kommen）aus Berlin[5].

　　　　　　Ich（⑨ sein）Student[6]. （⑩ studieren）du auch?

Misa　　　：Nein[7]. Ich（⑪ arbeiten）hier.

[1] ＝こんにちは
[2] ＝どこから（疑問詞）
[3] ＝日本人（女性）
[4] ＝ドイツ人（男性）
[5] ＝ベルリン（都市名）
[6] ＝学生
[7] ＝いいえ（英 no）

解答欄　①＿＿＿＿＿　②＿＿＿＿＿　③＿＿＿＿＿　④＿＿＿＿＿

　　　　⑤＿＿＿＿＿　⑥＿＿＿＿＿　⑦＿＿＿＿＿　⑧＿＿＿＿＿

　　　　⑨＿＿＿＿＿　⑩＿＿＿＿＿　⑪＿＿＿＿＿

第4章

名詞，冠詞，人称代名詞，疑問詞
（独検では大問4）

16 日目　文法上の性

17 日目　格（1 格と 4 格）と定冠詞

18 日目　格（1 格と 4 格）と不定冠詞

19 日目　格（1 格と 4 格）と所有冠詞

余裕学習　名詞の複数形

20 日目　人称代名詞の格形

21 日目　3 人称の人称代名詞

22 日目　疑問詞

余裕学習　前置詞

余裕学習　読んでみよう！

コラム：複数形や前置詞の対処法

コラム：ドイツ語と英語の関係

第3週 2日目

16日目　文法上の性

月　　日

基本問題　文法上の性（男性・女性・中性）が他の3つと異なる名詞を，下の1～4のうちから選び，その番号を解答欄に記入しなさい。

1　Frau　　　2　Mutter　　　3　Wohnung　　　4　Kind

解答欄　□

 確認ポイント

- □ 名詞は，必ず文法上の性を持ち，男性名詞か女性名詞か中性名詞に分類される。通常，生物学上の性と文法上の性は一致する。
- □ 事物を表す名詞も文法上の性を持つ。ただし，一部を除いて，辞書で調べる以外に，文法上の性を知ることはできない。

解説と解答

選択肢の最初の2語は生物学上と文法上の性が一致する女性名詞。3語目は事物を表す女性名詞。4語目は生物学上の性が中性の中性名詞。したがって，正解は 4。

	意味		文法上の性
Frau フラオ	女性	（生物学上，女性）	女性（女性名詞）
Mutter ムッター	母	（生物学上，女性）	女性（女性名詞）
Wohnung ヴォーヌング	住まい	（事物；→次頁注）	女性（女性名詞）
Kind キント	子供	（生物学上，中性）	中性（中性名詞）

 文法上の性を直接問う出題は未だありません。しかし，**格変化**が出題対象になる場合，文法上の性の知識無くしては「正確に」解答できませんので，やはり学んでおく必要がありますね。

対策学習 ・・・・・・・・・・・・ 文法上の性 ・・・・・・・・・・・・・・・・・・・・

☆定冠詞（「その…」；英 *the*；→ 77 頁）の形は，結びつく名詞によって，**der** になったり，**die** になったり，**das** になったりします（→ 9 頁注）。

☆結びつく定冠詞が der になる名詞を男性名詞，結びつく定冠詞が die になる名詞を女性名詞，結びつく定冠詞が das になる名詞を中性名詞と呼びます。

> der → 男性名詞
> die → 女性名詞
> das → 中性名詞

☆このことを，名詞には文法上の性（男性，女性，中性）が内在し，それに応じて冠詞の形が変わると説明します。事物を表す名詞も，文法上の性が（外から見えなくても）内在し，結びつく冠詞の形が異なります（下例の 2 列目）。

生物			事物			文法上の性	
der	Vater ファーター	父	**der**	Kopf コップフ	頭	**男性**（男性名詞）	
die	Mutter ムッター	母	**die**	Nase ナーゼ	鼻	**女性**（女性名詞）	
das	Kind キント	子供	**das**	Auge アオゲ	目	**中性**（中性名詞）	

注1 どの名詞がどの文法上の性を持つかはドイツ語学習者にとって大きな関心事ですが，ある統計資料に基づくと，名詞のうち，女性名詞は約 46%，男性名詞は約 34%，中性名詞は約 20% だそうです。したがって，文法上の性がわからず，困ったら，女性名詞と考えるのが一番無難かも知れません。

注2 以下の語末のつづりは，他の名詞，形容詞，動詞に付いて，女性名詞を作ります。

-in	*die* Lehrer**in** レーレリン	女性教師	←	Lehrer *der* レーラー	教師
-heit	*die* Krank**heit** クランクハイト	病気	←	krank クランク	病気の
-keit	*die* Möglich**keit** メークリヒカイト	可能性	←	möglich メークリヒ	可能な
-ung	*die* Änder**ung** エンデルング	変更	←	ändern エンデルン	変える

75

実戦トレーニング

1 文法上の性（男性・女性・中性）が他の3つと異なる名詞を，下の1〜4のうちから選び，その番号を解答欄に記入しなさい。

(1) 　1　Tochter　　2　Frage　　3　Tante　　4　Freund
　　　　トホター　　　　フラーゲ　　　　タンテ　　　　フロイント

(2) 　1　Vogel　　2　Buch　　3　Baum　　4　Name
　　　　フォーゲル　　　ブーフ　　　　バオム　　　　ナーメ

(3) 　1　Hand　　2　Haus　　3　Hotel　　4　Auto
　　　　ハント　　　　ハオス　　　　ホテル　　　　アオト

解答欄　(1) ☐　　(2) ☐　　(3) ☐

単語（文法上の性は省略）

Tochter 娘　Frage 質問　Tante おば　Freund 友人　Vogel 鳥　Buch 本　Baum 木　Name 名前　Hand 手　Haus 家　Hotel ホテル　Auto 車

---

2 次の文で空欄（　　）の中に入れるのに最も適切な定冠詞の形（**Der** か **Die** か **Das**）を解答欄に書き入れなさい（文頭なので，語頭が大文字；正確には1格の形；→78頁）。

(1) （　　）Kind　heißt　Stefan.　　　　　解答欄 _____
　　　　　キント　ハイスト　シュテファン

(2) （　　）Katze　heißt　Hanako.　　　　解答欄 _____
　　　　　カッツェ

(3) （　　）Garten　ist　sehr　schön.　　　解答欄 _____
　　　　　ガルテン　　ゼーア　シェーン

単語（文法上の性は省略）

Kind 子供　heißen …という名前である　Stefan シュテファン（男名）　Katze 猫　Garten 庭　ist（< sein …である）　sehr とても　schön 美しい

76

第3週 3日目

17日目 格(1格と4格)と定冠詞

月　　日

41

対策問題　次の文で空欄（　）の中に入れるのに最も適切なものを，下の1〜3のうちから選び，その番号を解答欄に記入しなさい。

Der Vater liebt die Mutter. Die Mutter liebt（　）Vater.

1　die　　　　2　das　　　　3　den

解答欄　□

確認ポイント

- □ 名詞は，「…が／は」（主語）とか「…を」（目的語）などのように，文中で一定の役割を持って使われる。この役割を格と呼ぶ。
- □ 「…が／は」の格を1格，「…を」の格を4格と呼ぶ。
- □ 定冠詞は「その…」のように既知のものを表す場合に使う。
- □ 定冠詞は，格の種類に応じて形が異なる（複数形は86頁）。

解説と解答

選択肢は定冠詞の形。

設問文の名詞 Vater は男性名詞。男性名詞と結びつく定冠詞は，1格の場合 **der**［デア］，4格の場合 **den**［デン］。

　　der Vater　　父は／父が　　　　**den** Vater　　父を

したがって，正解は3。

定冠詞を補った設問文とその意味は，以下のようになります。

　　Der Vater liebt die Mutter. Die Mutter liebt **den** Vater.
　　　　ファーター　リープト　　　　ムッター

父は母を愛し，母は父を愛しています。

4格の定冠詞は，女性名詞と中性名詞の場合，同形なので，出題されるのは男性名詞と考えてもよいかも知れません（出題委員がよほどの「ひっかけマニア」でないならば）。

77

対策学習 ·········· **格**(1格と4格)**と定冠詞** ·····················

☆名詞は,「父が」「父は」「父を」のように,文中で一定の役割を持って使われます。名詞の,このような役割を格と呼びます(日本語の格助詞に準じるものです)。

☆文中で「…が／…は」(主語)を表す格を1格,「…を」(目的語)を表す格を4格と呼びます。

注1 日本語に訳す場合,「…が」はしばしば「…は」になることが多いので,「…が／は」と併記することにします。

注2 格には,1格と4格の他に,3格と2格があります。しかし,3格も2格も,設問文や出題テキストで使われますが,これまでのところ直接的な出題対象になっていないので,無理に学ぶ必要はないと思います。「独検的」には1格と4格の形をしっかり覚えておくことでしょうね。

☆定冠詞(「その…」)は1格と4格で形が異なります。**文法上の性**に関係づけて,定冠詞の1格と4格の形を示すと,以下のようになります。

（文法上の性）	**男性**	**女性**	**中性**
1格 …が／は	□ **der** デア	□ **die** ディー	□ **das** ダス
4格 …を	□ **den** デン	□ **die**	□ **das**

（女性と中性は「同じ」）

☆定冠詞が,このように,格に応じて形を変えることを定冠詞の格変化と呼びます。ただし,**女性**と**中性**の**1格・4格**は,上掲のように,形が同じです。

《「定冠詞＋名詞」の具体例》

1格	□ **der** Onkel オンケル そのおじが／は	□ **die** Tante タンテ そのおばが／は	□ **das** Mädchen メートヒェン その女の子が／は
4格	□ **den** Onkel デン そのおじを	□ **die** Tante そのおばを	□ **das** Mädchen その女の子を

注 75頁で,文法上の性に応じて,定冠詞の形が der, die, das になると書きましたが,正確には,定冠詞の1格の形が der, die, das になるということです。

実戦トレーニング

次の文で空欄（　　）の中に入れるのに最も適切な定冠詞を，下の**1**〜**3**のうちから選び，その番号を解答欄に記入しなさい。

(1) Die Mutter liebt den Sohn. Der Sohn liebt （　　） Mutter.
リーブト　　　　　ゾーン

1 der **2** die **3** das 解答欄 ☐

(2) Die Tante liebt das Kind. Das Kind liebt （　　） Tante.
タンテ　　　　　キント

1 der **2** die **3** das 解答欄 ☐

(3) Der Hund heißt Taro. Wir lieben （　　） Hund.
フント　ハイスト

1 den **2** die **3** das 解答欄 ☐

(4) Die Katze heißt Hanako. Wir lieben （　　） Katze.
カッツェ

1 den **2** die **3** das 解答欄 ☐

(5) Wir finden （　　） Garten sehr schön.
フィンデン　　　　　ガルテン　ゼーア　シェーン

1 den **2** die **3** das 解答欄 ☐

(6) Das Buch ist interessant. Ich kaufe （　　） Buch.
ブーフ　　インテレサント　　　カオフェ

1 den **2** die **3** das 解答欄 ☐

(7) Der Garten ist groß. Aber （　　） Haus ist klein.
グロース　アーバー　　　ハオス　　クライン

1 das **2** den **3** die 解答欄 ☐

単語（文法上の性は省略）

Mutter 母親　lieben 愛する　Sohn 息子　Tante おば　Kind 子供　Hund 犬　heißen …という名前である　Katze 猫　finden …と思う　Garten 庭　sehr とても　schön 美しい　Buch 本　ist（< sein …である）interessant 興味深い　kaufen 買う　groß 大きい　Haus 家　klein 小さい

79

第 3 週 4 日目

18日目 格(1格と4格)と不定冠詞

月　　日

> **対策問題**　次の文で空欄（　）の中に入れるのに最も適切なものを，下の1〜4のうちから選び，その番号を解答欄に記入しなさい。
>
> （1）Da bellt（　　）Hund.
> （2）Wir haben（　　）Hund.
>
> 　　1　einen　　2　eine　　3　ein　　4　einer
>
> 　　　　　　　　　　　　解答欄　（1）☐　（2）☐

確認ポイント

- □ 不定冠詞も，名詞の**文法上の性**，格に応じて，形を変える。
- □ 不定冠詞は「ある一つの…」「ある一人の…」のように未知のものを表す場合に使う。

解説と解答

選択肢は不定冠詞 ein の変化形。

設問文 (1) の Hund「犬」の文法上の性は男性。文中の役割は主語（「…が」），すなわち 1 格。したがって，正解は 3。

(2) の Hund の文法上の性は男性。文中の役割は目的語（「…を」），すなわち 4 格。したがって，正解は 1。

不定冠詞を補った設問文とその意味は，以下のようになります。

（1）Da bellt ein Hund.　　　あそこで一匹の犬が吠えています。
　　　ダー　ベルト　アイン　フント

（2）Wir haben einen Hund.　私たちは犬を一匹飼っています。
　　　　　　　ハーベン　アイネン

格の場合，名詞でなく，冠詞の形が問われます。まず，（　）の後ろの名詞の**文法上の性**（男性なのか，女性なのか，中性なのか）を確認し，次に，動詞との関係を見て，「…が／…は」(1 格) なのか，「…を」(4 格) なのかを確認します。たぶん男性形が出題されるとは思いますが。

対策学習 ········ 格（1格と4格）と不定冠詞 ······················

☆**不定冠詞**（「ある一つの…」「ある一人の…」）は**文法上の性**および**格**（1格・4格）に応じて形が異なります。文法上の性に関係づけて，不定冠詞の1格・4格の形を示すと，以下のようになります。

		文法上の性		
		男性	**女性**	**中性**
1格 …が／は		☐ ein アイン	☐ eine アイネ 〉同じ	☐ ein アイン 〉同じ
4格 …を		☐ einen アイネン	☐ eine	☐ ein

《「不定冠詞＋名詞」の具体例》

	男性	**女性**	**中性**
1格	☐ ein Hund フント	☐ eine Katze カッツェ	☐ ein Küken キューケン
	1匹の犬が／は	1匹の猫が／は	1匹のひよこが／は
4格	☐ einen Hund アイネン	☐ eine Katze	☐ ein Küken
	1匹の犬を	1匹の猫を	1匹のひよこを

注 名詞が**初出**の場合は不定冠詞を，名詞が**既出**の場合は定冠詞は使うと説明することがあります。通常，**初出**の名詞は**未知**のものを，**既出**の名詞は**既知**にものを表すためです。したがって，先行文で「不定冠詞＋4格」，後続文で「定冠詞＋1格」という形で関連付け，出題されることが度々あります。

43

Wir haben **einen** Hund. **Der** Hund heißt Inu.
ハーベン ハイスト イーヌ

私たちは犬を一匹飼っています。その犬はイーヌという名前です。

Wir haben **eine** Katze. **Die** Katze heißt Neko.
ネーコ

私たちは猫を一匹飼っています。その猫はネーコという名前です。

Wir haben **ein** Küken. **Das** Küken heißt Hiyo.
ヒーヨ

私たちはヒヨコを一匹飼っています。そのヒヨコはヒーヨという名前です。

81

実戦トレーニング

1 次の文で空欄（　　）の中に入れるのに最も適切な不定冠詞の形（**ein** か **eine** か **einen**）を解答欄に書き入れなさい。

（1）Da miaut （　　） Katze.
ダー　ミアオト　　　　　カッツェ
解答欄 ＿＿＿＿＿＿

（2）Da weint （　　） Kind.
ヴァイント　　　　　キント
解答欄 ＿＿＿＿＿＿

（3）Ich habe （　　） Bruder.
ハーベ　　　　　ブルーダー
解答欄 ＿＿＿＿＿＿

（4）Ich habe （　　） Schwester.
シュヴェスター
解答欄 ＿＿＿＿＿＿

2 次の文で二つの空欄（　　）にペアで入れるのに最も適切なものを，下の **1** 〜**3** のうちから選び，その番号を解答欄に記入しなさい。

（1）Sie kauft （　　） Mantel. （　　） Mantel ist sehr schön.
カオフト　　　　　マンテル　　　　　　　イスト　ゼーア　シェーン

　　1 ein／Der　　**2** eine／Die　　**3** einen／Der　　解答欄 ☐

（2）Sie kauft （　　） Tasche. （　　） Tasche ist sehr schön.
タッシェ

　　1 eine／Die　　**2** eine／Der　　**3** einen／Die　　解答欄 ☐

（3）Sie kauft （　　） Kleid. （　　） Kleid ist sehr schön.
クライト

　　1 ein／Das　　**2** eine／Der　　**3** einen／Die　　解答欄 ☐

▶ **単語**（文法上の性は省略）

Da あそこで　miauen ニァーと鳴く　Katze 猫　weinen 泣く　Kind 子供　haben 持っている
Bruder 兄〈弟〉　Schwester 姉〈妹〉

kaufen 買う　Mantel コート　ist（< sein …である）　sehr とても　schön 素敵な　Tasche バッグ　Kleid ワンピース

82

第3週 5日目

19日目 格(1格と4格)と所有冠詞

月　　日

> **対策問題**　次の文で空欄（　）の中に入れるのに最も適切なものを，下の1〜3のうちから選び，その番号を解答欄に記入しなさい。
>
> Kennen Sie (　　) Vater?
>
> 1　meine　　2　mein　　3　meinen
>
> 解答欄　□

44

確認ポイント

- □ 所有関係を表す冠詞を所有冠詞と呼ぶ（英語 my などと同じ）。
- □ 所有冠詞も名詞の文法上の性・格に応じて形を変える（複数形は86頁）。
- □ 所有冠詞の格変化は，不定冠詞に準じる。

解説と解答

選択肢は所有冠詞 mein［マイン］「私の」の様々な変化形（meine［マイネ］, meinen［マイネン］）。設問文（決定疑問文）の kennen は「…を知っている」という意味の動詞。Vater「父」の文法上の性は男性（男性名詞）で, kennen の目的語（「…を」），すなわち4格。したがって，正解は3。

所有冠詞を補った設問文とその意味は，以下のようになります。

Kennen Sie （meinen） Vater?　　私の父をご存じなのですか？
ケンネン　　マイネン　　ファーター

《1格・4格一覧》

1格　□ **mein** Vater	□ **meine** Mutter	□ **mein** Kind
私の父が／は	私の母が／は	私の子どもが／は
4格　□ **meinen** Vater	□ **meine** Mutter	□ **mein** Kind
私の父を	私の母を	私の子どもを

所有冠詞が2017年度夏期に初めて出題されました。冬期は出題されませんでしたが，所有冠詞は今後も出題されると思った方が良いでしょう。

対策学習 ········· **格**(1格と4格)**と所有冠詞** ·····················

☆**所有冠詞**は，人称と数(複数形は 86 頁)に応じて，次のようなものがあります。
カッコ内は人称代名詞の 1 格形。なお，2 人称・敬称は，語頭が常に大文字。

		単数			複数	
1 人称	(ich)	☐ **mein** マイン	私の	(wir)	☐ **unser** ウンザー	私たちの
2 人称　親称	(du)	☐ **dein** ダイン	君の	(ihr)	☐ **euer** オイアー	君たちの
敬称	(Sie)	☐ **Ihr** イーア	あなたの	(Sie)	☐ **Ihr**	あなた方の
3 人称	(er)	☐ **sein** ザイン	彼の			彼らの
	(sie)	☐ **ihr**	彼女の	(sie)	☐ **ihr**	彼女らの
	(es)	☐ **sein**	それの			それらの

☆所有冠詞の格変化は不定冠詞 ein に準じます。所有冠詞 **dein**「君の」と **Ihr**「あなた[方]の」の 1 格形と 4 格形は，以下のようになります。

	男性	女性	中性		男性	女性	中性
1 格	☐ **dein**	☐ **deine** ダイネ	☐ **dein**		☐ **Ihr**	☐ **Ihre** イーレ	☐ **Ihr**
4 格	☐ **deinen** ダイネン	☐ **deine**	☐ **dein**		☐ **Ihren** イーレン	☐ **Ihre**	☐ **Ihr**

注1 以下は，過去に会話文や出題テキストで使われた所有冠詞の例です。

meine Großmutter グロースムッター	私の祖母	meine Schwester シュヴェスター	私の姉〈妹〉
meine Familie ファミーリエ	私の家族	deine Eltern エルターン	君の両親(複数形)
unser Hotel ホテル	私たちのホテル(語尾無し)		

注2 定冠詞に準じる **dieser** [ディーザー]「この…」(変化形：dieses, diesem, diesen, diese)
や **jeder** [イェーダー]「どの…も」(変化形：jedes, jedem, jeden, jede)も，出題テキストで使
われるだけでなく，2017 年度冬期では選択肢のキーワードとしても使われていました。語
尾は無視して，意味だけでも覚えておきましょう。

diese Woche ディーゼー ヴォッヘ	今週	jeden Morgen イェーデン モルゲン	毎朝

実戦トレーニング

次の文で空欄（　　）の中に入れるのに最も適切なものを，下の **1～3** のうちから選び，その番号を解答欄に記入しなさい。

(1) （　　） Onkel wohnt in Deutschland.
オンケル　ヴォーント　　　ドイチュラント

1 Mein　　　**2** Meine　　　**3** Meinen　　　解答欄 ☐

(2) （　　） Auto ist kaputt.
アオト　　カプット

1 Mein　　　**2** Meinen　　　**3** Meine　　　解答欄 ☐

(3) Kennen Sie （　　） Tante? — Ja, ich kenne sie.
ケンネン　　　　　　　　　タンテ　　　ヤー　　　　ケンネ

1 meinen　　　**2** mein　　　**3** meine　　　解答欄 ☐

(4) <u>Das ist</u>* （　　） Mantel.
ダス　　　　　　　　マンテル

1 meine　　　**2** mein　　　**3** meinen　　　解答欄 ☐

*「これは…です」という決まった言い回し（1格の名詞と結びつく）

《任意》

(5) （　　） Lehrer ist krank.
レーラー　　　クランク

1 Unser　　　**2** Unsere　　　**3** Unserer　　　解答欄 ☐
ウンザー　　　　　ウンゼレ　　　　　ウンゼラー

(6) Heute besuchen wir （　　） Lehrer.
ホイテ　　ベズーヘン　　　　　　　レーラー

1 unser　　　**2** unsere　　　**3** unseren　　　解答欄 ☐
ウンザー　　　　ウンゼレ　　　　　ウンゼレン

単語（文法上の性は省略）

Onkel *der* おじ　wohnen 住んでいる　in …の中（前置詞，→98頁）　Deutschland ドイツ（国名）
Auto *das* 自動車　ist（< sein …である）　kaputt 壊れている　kennen 知っている　Tante *die*
おば　ja はい　sie 彼女を（人称代名詞，→88頁）　Mantel *der* コート　Lehrer *der* 先生　krank
病気の　heute きょう　besuchen 訪ねる

85

余裕学習 ・・・・・・・・・ 名詞の複数形 ・・・・・・・・・・・・・・・・・

注 名詞の複数形は，5級の出題対象になっていませんが，設問文，出題テキストでは使われます。余裕のある方は，一応ざっとでも，複数形がどのような形なのかを学んでおいてください。

> **余裕問題** 複数形にしたとき，付ける語尾が他の3つと異なる名詞を，下の1〜4のうちから選び，その番号を解答欄に記入しなさい。ウムラウトの有無は差異の対象外にします。
>
> 1 Kind   2 Haus   3 Buch   4 Hand
>
> 解答欄 □

確認ポイント

- 名詞は，一つのもの（一人）を表すのか，二つ以上のもの（二人以上）を表すのかによって，形が異なる。前者を**単数形**，後者を**複数形**と呼ぶ。
- **複数形の作り方**は5種類。それらの作り方と**文法上の性**は**無関係**。

解説と解答

選択肢の単語の複数形は，以下のようになります。

Kind**er**	キンダー	(← Kind	キント	子供	中性名詞)
Häus**er**	ホイザー	(← Haus	ハオス	家	中性名詞)
Büch**er**	ビューヒャー	(← Buch	ブーフ	本	中性名詞)
Händ**e**	ヘンデ	(← Hand	ハント	手	女性名詞)

最初の Kind, Haus, Buch は語尾 **-er** によって複数形を作ります（ただし，最初の Kind はウムラウトできないので，ウムラウトしません）。最後の Hand のみが語尾 **-e** によって複数形を作ります。したがって，正解は 4。

複数形は，単数形に語尾を付けたり，ウムラウトさせて作るのですから，知らない単語に出会ったときは，語尾やウムラウトを「**はがす**」してみるのも，一つの手かも。余分なものを「はがす」と，知った単語に…ならいいのですが。 なお，複数形が直接，出題の対象に今までなったことはありません。

対策学習 ・・・・・・・・・・・・・・・ **数（う）** ・・・・・・・・・・・・・・・・・

☆文中の**名詞**は，日本語と異なり，**一つのもの**(ないし一人)を表す**単数形**か，**二つ以上のもの**(ないし二人以上)を表す**複数形**かのどちらかになります。すなわち，ドイツ語の場合，表すものが**一つ**(一人)なのか，**二つ以上**(二人以上)なのかを常に意識し，**区別しなければならないのです。**

☆複数形には，以下の**5種類**があります。一部は単数複数同形。また，**ウムラウト**するものとしないものとがあります。

☆複数形では，文法上の性の相違がなくなるため，**冠詞の形**は同一になります(複数1格形は die)。

	単数形			複数形	
①語尾なし	Onkel	オンケル	おじ	□ *die* Onkel	オンケル
	Vogel	フォーゲル	鳥	□ *die* V**ö**gel	フェーゲル
②-en	Frau	フラォ	女性	□ *die* Frau**en**	フラオエン
/ -n	Blume	ブルーメ	花	□ *die* Blume**n**	ブルーメン
	Insel	インゼル	島	□ *die* Insel**n**	インゼルン
③-e	Hund	フント	犬	□ *die* Hund**e**	フンデ
	Sohn	ゾーン	息子	□ *die* S**ö**hn**e**	ゼーネ
④-er	Kind	キント	子供	□ *die* Kind**er**	キンダー
	Buch	ブーフ	本	□ *die* B**ü**ch**er**	ビューヒャー
⑤-s	Foto	フォート	写真	□ *die* Foto**s**	フォートス

注 不定冠詞には複数形がありませんが，定冠詞，所有冠詞には複数形の形があります。出題対象にならないと予想し，意図的に無視して来ましたが，**複数形も含めて，定冠詞と不定冠詞および所有冠詞**(ただし mein のみ)の変化形(1格・4格)を示すと，以下のようになります。

		男性	女性	中性	複数
定冠詞	1格	der	die	das	**die**
	4格	**den**	die	das	**die**
不定冠詞	1格	ein	eine	ein	—
	4格	**einen**	eine	ein	—
所有冠詞	1格	mein	meine	mein	**meine**
	4格	**meinen**	meine	mein	**meine**

第 3 週 6 日目

20日目　人称代名詞の格形

月　　日

対策問題　次の人称代名詞の格変化表の空欄①②③④に入るものを，下の1～4のうちから選び，その番号を解答欄に記入しなさい。

		1人称	2人称		3人称		
単数	1格	ich	du	Sie	er	sie	es
	3格	mir	dir	Ihnen	ihm	ihr	ihm
	4格	（①）	dich	Sie	（②）	（③）	es
複数	1格	wir	ihr	Sie	sie		
	3格	uns	euch	Ihnen	ihnen		
	4格	uns	euch	Sie	（④）		

1　Sie　　2　ihn　　3　sie　　4　Sie　　5　mich

解答欄　①□　②□　③□　④□

確認ポイント

- □ **人称代名詞**にも，**格変化形**がある（使用がまれな2格形は省きます）。
- □ **3人称の人称代名詞**には，**人**を指す用法と**事物**を指す用法がある。事物を指す用法は次の21日目の「3人称の人称代名詞」を参照。

解説と解答

空欄①は1人称・単数の4格。したがって，正解は5。
空欄②は3人称・単数・男性形の4格。したがって，正解は2。
空欄③は3人称・単数・女性形の4格。したがって，正解は3。
空欄④は3人称・複数の4格。したがって，この場合も，正解は3。

人を指す用法は，91頁(7)(8)のような，会話表現での主語を問う以外，出題対象になっていませんが，設問文，出題テキストでは必ず使われるものですし，また，92頁で扱う事物を表す用法の基礎になるものですので，しっかり学んでおいてください。

対策学習 ············· 人称代名詞の格形 ·······························

☆人称代名詞一覧（前頁の表を補充して示します；ただし2格を除きます）

		1人称	2人称 親称	2人称 敬称	3人称 男性	3人称 女性	3人称 中性
単数	1格	*ich* 私	*du* 君	*Sie* あなた	*er* 彼	*sie* 彼女	*es* それ
	3格	**mir** ミーア	**dir** ディーア	**Ihnen** イーネン	**ihm** イーム	**ihr** イーア	**ihm**
	4格	**mich** ミッヒ	**dich** ディッヒ	**Sie** ズィー	**ihn** イーン	**sie** ズィー	**es** エス
複数	1格	*wir* 私たち	*ihr* 君たち	*Sie* あなたたち	*sie* 彼［女］ら，それら		
	3格	**uns** ウンス	**euch** オイヒ	**Ihnen** イーネン	**ihnen** イーネン		
	4格	**uns**	**euch**	**Sie**	**sie**		

3格 …に → ／ 4格 …を →

☆人称代名詞の具体例

Ich liebe Hans.
リーベ
私はハンスを愛しています。

Ich schenke **ihm** einen Hut.
シェンケ フート
（3格 …に）
私は彼に帽子を贈ります。

Aber **er** liebt **mich** nicht.
アーバー リープト ニヒト
（4格 …を）
しかし彼は私を愛していません。

Er liebt Heike.
ハイケ
彼はハイケを愛しています。

Er schenkt **ihr** eine Tasche.
シェンクト タッシェ
（3格 …に）
彼は彼女にバッグを贈ります。

Aber **sie** liebt **ihn** nicht.
（4格 …を）
しかし彼女は彼を愛していません。

89

実戦トレーニング

次の文で空欄（　　）の中に入れるのに最も適切なものを，下の **1～4** のうちから選び，その番号を解答欄に記入しなさい。

(1) Heute kommt Herr* Bauer. （　　） ist mein Lehrer.
ホイテ　コムト　ヘア　バオアー　　　　イスト　マイン　レーラー

    1 Du   **2** Er   **3** Sie   **4** Ihr

    ＊姓に付ける「…さん」（男性の場合）　　　　　　　　解答欄 ⬜

(2) Heute kommt Frau* Bauer. （　　） ist meine Lehrerin.
フラオ　　　　　　　　　マイネ　レーラリン

    1 Du   **2** Er   **3** Ihr   **4** Sie

    ＊姓に付ける「…さん」（女性の場合）　　　　　　　　解答欄 ⬜

(3) Ich habe einen Onkel. Heute hat （　　） Geburtstag.
ハーベ　　オンケル　ホイテ　ハット　　　　　ゲブルツターク

    1 du   **2** er   **3** sie   **4** ihr

    解答欄 ⬜

(4) Ich habe eine Tante. Heute hat （　　） Geburtstag.
タンテ

    1 du   **2** er   **3** sie   **4** ihr

    解答欄 ⬜

☆ **4格**の使い方も確認しておきましょう。

(5) Kennst du den Mann da? — Ja, ich kenne （　　）.
ケンスト　　　　　　マン　ダー　　　　　　ケネ

    1 Sie   **2** sie   **3** ihn   **4** uns

    解答欄 ⬜

単語

heute きょう　kommen 来る　Bauer バオアー（人名）　ist （< sein …である）　mein / meine 私の（所有冠詞，→ 83頁）　Lehrer *der* 先生　Lehrerin *die* 先生（女性）　habe / hat （< haben 持っている）　Onkel *der* おじ　Geburtstag *der* 誕生日　Tante *die* おば　kennen 知っている　Mann *der* 男性　da そこの（前の名詞を修飾）　ja はい

90

(6) Wie findest du deine Lehrerin?
　　ヴィー　フィンデスト　　　ダイネ　　レーラリン
　　— Ich finde (　　) nett.
　　　　　　　　　　　　　ネット
　　1　sie　　　　2　ihn　　　　3　Sie　　　　4　mich
　　　　　　　　　　　　　　　　　　　　　　　　解答欄 □

人を表す名詞を3人称の人称代名詞で受ける場合，男性ならば，男性形の er / ihm / ihn を，女性ならば，女性形 sie / ihr / sie を使います。

☆会話の中で人称代名詞の主語を選ばせる設問がかつて出題されたことがありました。

(7) Lernt ihr hier Deutsch? — Ja, (　　) lernen hier Deutsch.
　　レルント　イーア　ヒーア　ドイチュ　　ヤー
　　1　du　　　　2　er　　　　3　sie　　　　4　wir
　　　　　　　　　　　　　　　　　　　　　　　　解答欄 □

(8) Was lernt (　　) jetzt? — Jetzt lernen wir Deutsch.
　　ヴァス　レルント　　　　　イェッツト
　　1　du　　　　2　ihr　　　　3　Sie　　　　4　wir
　　　　　　　　　　　　　　　　　　　　　　　　解答欄 □

人称代名詞が主語の場合，動詞の形から正解が決まることがあります。例えば，上例のように，lernt なら，主語は ihr, lernen なら，主語は wir になるなど。

単語

wie どのように（疑問詞，→96頁）　finden …を〜と思う　deine 君の（所有冠詞，→83頁）
Lehrerin *die* 先生（女性）　nett 親切な　lernen 学ぶ　hier ここで　Deutsch *das* ドイツ語　ja はい　was 何を（疑問詞）　jetzt 今

第3週 7日目

21日目 3人称の人称代名詞

月　　日

> **対策問題**　次の文で空欄（　）の中に入れるのに最も適切なものを，下の1～4のうちから選び，その番号を解答欄に記入しなさい。
>
> Ist der Film gut? ― Ja, (　) ist sehr gut.
>
> 　1　er　　　　2　sie　　　　3　es　　　　4　ihr
>
> 解答欄　□

46

確認ポイント

- □ **3人称の人称代名詞**は，男性と女性を表すだけでなく，**名詞の代わり**としても使う。
- □ 男性形 er は**男性名詞**の，女性形 sie は**女性名詞**の，中性形 es は**中性名詞**の代わりに使う。

解説と解答

選択肢は3人称の人称代名詞と ihr（2人称・親称・複数）。
（　）をそのままにして，設問文を訳すと，以下のようになります。

Ist　der　Film　gut? ― Ja, (　) ist　sehr　gut.
　　　　　フィルム　グート　　ヤー　　　　　　　　ゼーア

その映画は良いですか？ ― はい，（　）とても良いです。

文脈に基づけば，（　）に入れる名詞は der Film（「映画」；文法上の性は**男性**，数は**単数**。格は，主語なので，**1格**）。der Film の代わりになる人称代名詞は，男性・単数の1格形 er。したがって，**正解は 1**（「それはとても良いです」）。

この設問の「独検的」テクニックは「定冠詞の形に注目！」です。（　）に入れるべき前文の名詞に der が付いていれば er を，die が付いていれば sie を（単数か複数かに関係なく），das が付いていれば es を（　）の中に入れればよいのです。過去12回のうち2回ほど4格が出題されましたが（複数形が1回），それでも，名詞に付いているのが den ならば ihn を，die ならば sie を，das ならば es を入れれば，「正解」でした。

> **対策学習** ··· 名詞の代わりに用いる人称代名詞 ···············

☆名詞を人称代名詞に置き換える際，名詞の文法上の性（男性名詞か女性名詞か中性名詞か），数（単数か複数か），格を確認して，適切な人称代名詞を選ぶことになります。主に1格が出題されます。

□ 男性名詞の場合　　□ 1格なら　→　**er**
　　　　　　　　　　□ 4格なら　→　**ihn**

47　Ist **der** Garten schön? ― Ja, **er** ist sehr schön.
　　イスト　　　ガルテン　シェーン　　　　ヤー　　　　　ゼーア

その庭は美しいですか？ ― はい，それはとても美しいです。

Er hat **einen** Hund. Er liebt **ihn** sehr.
　　　　　　　フント　　　リープト　　ゼーア

彼は犬を飼っています。彼はその犬をとても可愛がっています。

□ 女性名詞の場合　　□ 1格なら ⎫
　　　　　　　　　　□ 4格なら ⎭ → **sie**

Ist **die** Stadt schön? ― Ja, ich finde **sie** sehr schön.
　　　シュタット　　　　　　　　　　　フィンデ

その町はきれいですか？ ― はい，私はとてもきれいだと思います。（4格の例）

□ 中性名詞の場合　　□ 1格なら ⎫
　　　　　　　　　　□ 4格なら ⎭ → **es**

Ist **das** Hotel billig? ― Ja, **es** ist sehr billig.
　　　　ホテル　ビリヒ

そのホテルは安いですか？ ― はい，それはとても安いです。（1格の例）

□ 複数形の場合　　□ 1格なら ⎫
　　　　　　　　　□ 4格なら ⎭ → **sie**

Sind **die** Bananen lecker? ― Ja, **sie** sind sehr lecker.
ズィント　　　バナーネン　レッカー

それらのバナナはおいしいですか？ ― はい，それはとてもおいしいです。

Sind **die** Städte schön? ― Ja, ich finde **sie** sehr schön.
　　　　シュテーテ

それらの町はきれいですか？ ― はい，私はとてもきれいだと思います。

93

実戦トレーニング

次の文で空欄（　）の中に入れるのに最も適切なものを，下の**1〜4**のうちから選び，その番号を解答欄に記入しなさい。

(1) Ist der Apfel lecker? — Ja, （　） ist lecker.
アップフェル　レッカー　ヤー　　　　　イスト　レッカー

    1 er　　　　　**2** sie　　　　　**3** es　　　　　**4** ihr

解答欄　□

(2) Ist die Suppe heiß? — Nein, （　） ist kalt.
ズッペ　ハイス　ナイン　　　　　カルト

    1 er　　　　　**2** sie　　　　　**3** es　　　　　**4** ihr

解答欄　□

(3) Wie findest du das Auto? — Ich finde （　） toll.
ヴィー　フィンデスト　　　　アオト　　　　フィンデ　　　　トル

    1 er　　　　　**2** sie　　　　　**3** es　　　　　**4** ihr

解答欄　□

〈難問（かな？）〉

(4) Sind die Äpfel lecker? — Nein, （　） sind noch sauer.
ズィント　エップフェル　　　　　　　　　　　　ノッホ　ザオアー

    1 er　　　　　**2** sie　　　　　**3** es　　　　　**4** ihr

解答欄　□

(5) Wie finden Sie die Schuhe? — （　） sind sehr schick.
フィンデン　　　シューエ　　　　　　　ゼーア　シック

    1 Er　　　　　**2** Sie　　　　　**3** Es　　　　　**4** Ihr

解答欄　□

単語

ist / sind（< sein …である）　Apfel *der* リンゴ　lecker おいしい　ja はい　Suppe *die* スープ
heiß 熱い　nein いいえ　kalt 冷たい　wie どのように（疑問詞，→96頁）　finden …を…と思う
Auto *das* 車　toll すてき　Äpfel（複数形：< Apfel *der* リンゴ）　noch まだ　sauer すっぱい
Schuhe（複数形：< Schuh *der* 靴）　sehr とても　schick しゃれた

94

第4週 1日目

22日目　疑問詞

月　　日

対策問題　次の文で空欄（　）の中に入れるのに最も適切なものを，下の1〜4のうちから選び，その番号を解答欄に記入しなさい。

（　） beginnt das Konzert? — Um 7 Uhr.

1　Was　　　2　Wer　　　3　Wann　　　4　Wo

解答欄　□

確認ポイント

☐ 疑問文には，**イエスかノーか**を尋ねる**決定疑問文**と，情報の一部を補足するための，**疑問詞**を使う**補足疑問文**がある（→42頁）。

☐ 疑問詞には，名詞的なものと副詞的なものがある。前者を**疑問代名詞**，後者を**疑問副詞**と呼ぶ。

解説と解答

選択肢は各種の疑問詞。

設問文の**文頭**に**空欄**があり，**文末**に**疑問符**があるので，この文は補足疑問文。（　）をそのままにして，設問文を訳すと，以下のようになります。

（　）　beginnt　das　Konzert? — Um　7*　Uhr.
　　　　ベギント　　　　コンツェルト　　　ウム　　　　　ウーア

コンサートは（　）始まりますか？—7時です。　　　＊［ズィーベン］

選択肢の意味は，以下の通り。

was 何が／何を？　**wer** 誰が？　**wann** いつ？　**wo** どこ？
ヴァス　　　　　　　ヴェーア　　　　ヴァン　　　　　ヴォー

文法的に可能な選択肢は副詞の wann か wo ですが，返答文は時間なので，**正解は3**（「いつ始まりますか？」）。なお，um ... Uhr は「…時に」。

疑問詞の特徴は w で始まることです。選択肢に w で始まる語が並び，文頭に空欄があれば，疑問詞の設問。疑問詞の数はわずかです。→次頁。

対策学習 ·········· 疑問代名詞と疑問詞 ·····················

1 疑問文の作り方(→ 42 頁も)

決定疑問文の場合，定動詞を文頭に置きます。文末は昇り音調になります。

定動詞

Trinkst du gern Cola? ♪
トリンクスト　　ゲルン　　コーラ

君はコーラを飲むのが好きですか？

補足疑問文は，疑問詞を文頭に置き，その後ろに定動詞を置きます。文末は降り音調になります。

疑問詞　　　定動詞

Was **trinken** Sie? ♩
ヴァス　　トリンケン

あなたは何を飲みますか？

2 疑問詞一覧

《疑問代名詞》

☐ **Wer** kommt heute Abend?
ヴェーア　コムト　ホイテ　アーベント

今晩誰が来るのですか？

☐ **Wen** liebt sie?
ヴェーン　リープト

彼女は誰を愛していますか？

☐ **Was** ist denn los?
ヴァス　　　デン　ロース

一体どうしたんですか？
(何が起きているのですか？)

《疑問副詞》

☐ **Wann** kommt er?
ヴァン　　コムト

彼はいつ来ますか？

☐ **Wo** wohnt sie?
ヴォー　ヴォーント

彼女はどこに住んでいますか？

☐ **Woher** kommen Sie?
ヴォヘーア　　コムメン

あなたはどちらのご出身ですか？

☐ **Wohin** fährst du morgen?
ヴォヒン　フェーアスト　　モルゲン

君は明日どこへ行くのですか？

☐ **Wie** komme ich zum Bahnhof?
ヴィー　コムメ　イヒ　ツム　バーンホーフ

駅にはどう行けばいいのですか？

☐ **Warum** kommt er heute nicht?
ヴァルム　　コムト　エア　ホイテ　ニヒト

彼はなぜきょう来ないのですか？

実戦トレーニング

次の文で空欄（　　）の中に入れるのに最も適切なものを，下の**1〜4**のうちから選び，その番号を解答欄に記入しなさい。

(1) （　　） kommt heute? — Jan.
　　　　　　コムト　　ホイテ　　　　　ヤン

　　1 Wer　　　　　**2** Wessen　　　　　**3** Wen　　　　　**4** Was

　　　　　　　　　　　　　　　　　　　　　　　　　　　　　解答欄 ☐

(2) （　　） ist dein Hobby? — Tanzen.
　　　　　　　　　ダイン　ホビ　　　　　　タンツェン

　　1 Wer　　　　　**2** Wo　　　　　**3** Wohin　　　　　**4** Was

　　　　　　　　　　　　　　　　　　　　　　　　　　　　　解答欄 ☐

(3) （　　） kommst du? — Aus Japan.
　　　　　　コムスト　　　　　　アオス　ヤーパン

　　1 Wo　　　　　**2** Wann　　　　　**3** Woher　　　　　**4** Wer

　　　　　　　　　　　　　　　　　　　　　　　　　　　　　解答欄 ☐

(4) （　　） wohnst du jetzt? — In Köln.
　　　　　　ヴォーンスト　イェッツト　　　イン　ケルン

　　1 Wo　　　　　**2** Woher　　　　　**3** Wann　　　　　**4** Wer

　　　　　　　　　　　　　　　　　　　　　　　　　　　　　解答欄 ☐

(5) （　　） fährst du im Sommer? — Nach Japan.
　　　　　　フェーアスト　イム　ゾムマー　　　　　ナーハ　ヤーパン

　　1 Was　　　　　**2** Wohin　　　　　**3** Wer　　　　　**4** Wo

　　　　　　　　　　　　　　　　　　　　　　　　　　　　　解答欄 ☐

注 日本語で，「どこに行くの？」と尋ねられた場合，「日本」とか「ドイツ」とか一語で答えることもできますが，ドイツ語の場合，答えが前置詞を含むならば，Nach Japan. のように前置詞句で答える必要があります。

単語

kommen 来る　heute きょう　Jan ヤン（男名）　ist（< sein …である）　dein 君の（所有冠詞，→ 83頁）　Hobby *das* 趣味　Tanzen *das* ダンス　aus …から（前置詞，→ 98頁）　Japan 日本（国名）　wohnen 住んでいる　jetzt 今　in …の中（前置詞）　Köln ケルン（都市名）　fährst（< fahren（乗り物で）行く）　im（「…中で」，前置詞in と定冠詞の融合形，→ 100頁）　Sommer *der* 夏に　nach …の方に（前置詞）

97

余裕学習 ………… 前置詞 …………

注 前置詞は未だ5級の出題対象になっていませんが，設問文，出題テキストでは使われます。余裕のある方は，一応，ざっとでも，前置詞の使われ方を学んでおいてください。

> **余裕問題** 次の文の下線部の前置詞句の意味を，下の1〜4のうちから選び，その番号を解答欄に記入しなさい。
>
> Ich spiele gern <u>mit meinem Hund</u>.
>
> 1 私の犬から 　　　　2 私の犬のために
> 3 私の犬と 　　　　　4 私の犬まで 　　　解答欄 □

確認ポイント

- □ 前置詞は，名詞と結びついて（順序は「前置詞＋(冠詞＋)名詞」），特に，動詞との関係を表す。
- □ 前置詞句を訳す場合，「(冠詞→)名詞→前置詞」の順序で訳す。

解説と解答

選択肢は名詞 Hund と動詞の意味関係（「…から」など）を表したもの。

設問文の下線部の Hund「犬」は名詞，meinem は所有冠詞（「私の」；3格の形）。したがって，mit［ミット］は，「…から」，「…のために」，「…と」，「…まで」のうちのどれかを表す前置詞。

前置詞を除いて，設問文を訳すと，以下のようになります。

Ich　spiele　gern　（　　）meinem　Hund.
　　シュピーレ　ゲルン　　　　マイネム　　フント

私は私の犬（　　）遊ぶのが好きです。

したがって，文脈からして，正解は 3（「私の犬と遊ぶのが好きです」）。

まず，前置詞かどうかを見分けることがポイント。次に，名詞の意味を確認（通常，前置詞の後ろに冠詞がありますが，それは無視。また，名詞が複数形になっている時もありますが，その時は，104頁で説明した方法で単数形に戻してみる）。名詞の意味がわかったら，最後は想像力です。

対策学習 使用が予想される「独検」主要8前置詞 ‥‥‥‥‥

□ **aus**
アオス

□ …の中から（3格と）

Er kommt **aus** dem Zimmer.
　　コムト　　　　　ツィムマー

彼は部屋の中から出て来ます。

□ **für**
フューア

□ …のために（4格と）

Ich kaufe ein Buch **für** meinen Sohn.
　　カオフェ　　ブーフ　　　マイネン　ゾーン

私は息子のために本を買います。

□ **in**
イン

□ …の中で（3格と）

Ich esse heute **in der** Mensa.
　　エッセ　ホイテ　　　　メンザ

私はきょう学食で食べます。

□ …の中へ（4格と）

Wir gehen heute **in die** Mensa.
　　ゲーエン

私たちはきょう学食に行きます。

□ **mit**
ミット

□ …と一緒に；…を使って（3格と）

Ich wohne **mit** meinem Freund zusammen.
　　ヴォーネ　　　マイネム　フロイント　ツザムメン

私は友人と一緒に住んでいます。

Wir fahren **mit** dem Zug nach Wien.
　　ファーレン　　　　ツーク　ナーハ　ヴィーン

私たちは列車でウィーンに行きます。

□ **nach**
ナーハ

□ …の後で；…の方へ（3格と）

Er geht **nach** der Arbeit ins* Kino.
　　ゲート　　　　　アルバイト　　キーノ

彼は仕事の後映画を見に行きます。　　＊次頁コラム。

Der Zug fährt **nach** Wien.
　ツーク　フェーアト　　　　ヴィーン

この列車はウィーンに行きます。

99

□ **seit**
ザイト

□ **…以来；…前から**（3格と）

Seit einem Monat wohnt er in Berlin.
　　　モーナト　ヴォーント　　　　ベルリーン

一月前から彼はベルリンに住んでいます。

□ **um**
ウム

□ **…時に**（4格と）

Er kommt heute **um** 8 Uhr.
　コムト　ホイテ　　　アハト ウーア

彼はきょう8時に来ます。

□ **zu**
ツー

□ **…のところに**（3格と）

Ich gehe oft **zu** meinem Freund Hans.
　ゲーエ オフト　　　　　フロイント　ハンス

私はしばしば私の友人のハンスのところに行きます。

コラム 前置詞と定冠詞の融合 ――――――――――

☆いくつかの前置詞は，定冠詞と融合し，以下のような形になることがあります。

am （= an dem）　　***am*** Abend 夕方に
アム　　　　　　　　　　　　アーベント

　　　　　　　　　　　　am 1.（ersten） Mai　5月1日に
　　　　　　　　　　　　　　エアステン　マイ

ins （= in das）　　Heute gehen wir ***ins*** Restaurant.
インス　　　　　　　　ホイテ　ゲーエン　　　　　　レストラン

　　　　　　　　　　きょう私たちはレストランに行きます。

im （= in dem）　　Wir essen heute ***im*** Restaurant.
イム　　　　　　　　　　　エッセン

　　　　　　　　　　私たちはきょうレストランで食事をします。

vom （= von dem）　***vom*** 1. bis zum 8.（achten） Mai
フォム　　　　　　　　　　　　ビス　ツム　アハテン

　　　　　　　　　　5月1日から8日まで

zum （= zu dem）　Er geht ***zum*** Bahnhof.　彼は駅に行きます。
ツム　　　　　　　　　ゲート　　　　バーンホーフ

zur （= zu der）　　Er geht ***zur*** Universität.　彼は大学に行きます。
ツア　　　　　　　　　　　　　　　ウニヴェルズィテート

実戦トレーニング

次の文の下線部の前置詞句の意味を，下の1〜4のうちから選び，その番号を解答欄に記入しなさい。

(1) Jochen kommt mit Nana <u>aus der Kirche</u>.
　　ヨッヘン　　コムト　　　　　　　　　　　　　キルヒェ

　　1　教会の中から　　　　　　　　　2　教会の中で
　　3　教会の方へ　　　　　　　　　　4　教会の前で　　　　解答欄 ☐

(2) Anke fährt <u>mit dem Bus</u> ins Büro.
　　アンケ　フェーアト　　　　ブス　　　　　ビュロー

　　1　バスの中から　　　　　　　　　2　バスで
　　3　バスの前で　　　　　　　　　　4　バスの方へ　　　　解答欄 ☐

(3) Maria kocht am Sonntag <u>für ihre Freunde</u>.
　　マリーア　コホト　　　ゾンターク　　イーレ　フロインデ

　　1　友人と　　　　　　　　　　　　2　友人のところで
　　3　友人のために　　　　　　　　　4　友人から　　　　　解答欄 ☐

(4) Am Wochenende fährt er <u>zu seinen Eltern</u>.
　　　　ヴォッヘンエンデ　　　　　　ザイネン　エルターン

　　1　両親と　　　　　　　　　　　　2　両親のところで
　　3　両親のために　　　　　　　　　4　両親のところに　　解答欄 ☐

(5) Wir essen heute <u>in der Mensa</u>.
　　　　エッセン　ホイテ　　　　　メンザ

　　1　学食から　　　　　　　　　　　2　学食で
　　3　学食の方へ　　　　　　　　　　4　学食の前で　　　　解答欄 ☐

単語

Jochen ヨッヘン（男名）　kommen 来る　Kirche *die* 教会　Anke アンケ（女名）　fährt （＜ fahren（乗り物で）行く）　Bus *der* バス　Büro *das* オフィス　Maria マリア（女名）　kochen 料理をする　Sonntag *der* 日曜日　ihre 彼女の（所有冠詞，→83頁）　Freunde（複数形；＜ Freund *der* 友人）　Wochenende *das* 週末　seinen 彼の（所有冠詞）　Eltern（複数形）両親　essen 食べる　heute きょう　Mensa *die* 学食

101

読んでみよう！（名詞の形）

Der Wald ist grün.
ヴァルト　　　グリューン

Die Sonne scheint mild.
ゾンネ　シャイント　ミルト

Das Bächlein fließt ruhig.
ベヒライン　フリースト　ルーイヒ

A：Was heißt* "**mori**" auf Deutsch?　　＊「…は何と言うのですか？」
　　ヴァス　ハイスト　　　　　アオフ　ドイチュ

B：**Wald**.
　　ヴァルト

A：*Der, die* oder *das* Wald?
　　　　　　　オーダー

B：**Der Wald**.

A：Und was heißt "**taiyo**" auf Deutsch?
　　ウント

B：**Die Sonne**.
　　　　　ゾンネ

A：Und "**ogawa**"?

B：**Das Bächlein**.
　　　　　ベヒライン

A：Aha. ***Der Wald**, **die Sonne** und **das Bächlein***.
　　アハー

B：Ganz genau!
　　ガンツ　ゲナオ

単語

Wald *der* 森　grün 緑色の　Sonne *die* 太陽　scheinen 輝く　mild やさしく　Bächlein *das* 小川　fließen 流れる　ruhig 静かに

was 何と（疑問詞，→96頁）　heißen …と言う　auf …で（前置詞，→98頁）　Deutsch *das* ドイツ語　oder あるいは（接続詞，→65頁）　und そして（接続詞）　also それでは　ganz まったく　genau その通り

102

55

Der Lehrer ist nett.
レーラー ネット

Die Krawatte des Lehrers[1] ist alt.　　　[1] 「教師の」(2格)
クラヴァッテ レーラース アルト

Wir kaufen eine Krawatte.
カオフェン

Wir schenken dem Lehrer[2] die Krawatte.　　[2] 「教師に」(3格)
シェンケン

Wir mögen den Lehrer.
メーゲン

Die Lehrerin ist nett.
レーラリン

Der Schal der Lehrerin[3] ist alt.　　　　[3] 「女性教師の」(2格)
シャール

Wir kaufen einen Schal.

Wir schenken der Lehrerin[4] den Schal.　　[4] 「女性教師に」(3格)

Wir mögen die Lehrerin.

56

Er liebt eine Studentin. Sie merkt es aber nicht.
リープト シュトゥデンティン メルクト アーバー ニヒト

Deswegen schreibt er ihr einen Brief: „Ich liebe dich."
デスヴェーゲン シュライプト イーア ブリーフ リーベ ディッヒ

Dann schreibt sie ihm einen Brief: „Ich liebe dich nicht."
ダン イーム

Ist das eine Tragödie? Nein! Das ist eine Komödie.
トラゲーディエ ナイン ダス コメーディエ

単語

Lehrer *der* 教師　nett 親切な　Krawatte *die* ネクタイ　alt 古い　kaufen 買う　schenken 贈る　mögen 好きである

Lehrerin *die* 女性教師　Schal *der* ショール

lieben 愛する　Studentin *die* 女子学生　merken 気づく　es それを(人称代名詞. →88頁)　aber しかし　nicht …でない(=英*not*)　deswegen そのため　schreiben 書く　ihr 彼女に(人称代名詞)　Brief *der* 手紙　dich 君を(人称代名詞)　dann そうすると　ihm 彼に(人称代名詞)　das それは　Tragödie *die* 悲劇　nein いいえ　Komödie *die* 喜劇

103

コラム 複数形や前置詞の対処法

☆98頁でも簡単に触れましたように，5級でも，本番の設問文や出題テキストに複数形や前置詞がどんどん使われます。そこで，これらの未習事項に対する「独検的」対処方法として，以下のように考えましたが，どうでしょうか？

第一段階 問題は名詞ですので，頭文字が大文字の語に注目。

第二段階 単数形と複数形かのどちらかですので，
 対策1 語頭が大文字で，意味の不明な単語があった場合，語尾(-[e]n/-e/-er/-s) が付いていれば，それを，そして，母音の上に ¨（ウムラウト）が付いていれば，それも取り除いて，単数形を想像する。

第三段階 名詞は，前置詞と一緒に使われるか，あるいは単独で使われるかのどちらかですので，
 対策2 名詞の前に前置詞があるかないかを確認する。
 対策3 前置詞がない場合，「…が／は」あるいは「…を」と訳す。

第四段階 前置詞がある場合，名詞の形よりも，前置詞の意味が重要なので（冠詞は無視），
 対策4 前置詞の意味を確認して，「名詞→前置詞」の順序で訳す。

☆以上のことを図示すると，以下のようになります。一度，「C　実践編」でこのような対処法が具体的に役立つかどうか試してくれませんか？

　　語頭が大文字
　　　　→意味が不明なら，語尾やウムラウトを取り除いてみる
　　　　　→前置詞があるかどうかを確認する
　　　　　　→前置詞がある場合，「名詞の意味＋前置詞の意味」で訳す
　　　　　　　→前置詞がない場合，「…が／は」か「…を」と訳す

注 「AはBである」のいう文では，Bも1格になります：例えば，Er ist mein Onkel.「彼は私のおじです」。

> **コラム**　ドイツ語と英語の関係

　ドイツ語は，英語にとても似ていますね。ヨーロッパの言語を歴史的な派生関係で大きく分けると，以下のような主な3つのグループになります。このように見ると，ドイツ語と英語の近い関係が一目瞭然ですね。いわば，両者は「血の濃い」兄弟同士なのです。

ロマンス語派	スラヴ語派	ゲルマン語派
↓	↓	↙　↘
フランス語	ロシア語	アイスランド語　　ドイツ語
イタリア語		ノルウェー語　　　オランダ語
スペイン語		デンマーク語　　　英語
ポルトガル語		スウェーデン語

　ドイツ語と英語がどれほど近いかを示すために，つづりも意味も同じ単語とつづりが少しだけ異なる単語をいくつか，以下に挙げてみます。

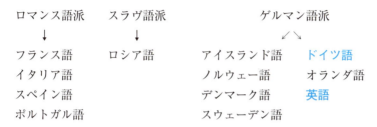

> **注**　ある学者が言語を**北方系**と**南方系**に分け，それらの発生に関して，次のように述べていました：『南方は生活が豊かであるため，言語は旅する騎士と村の娘との，泉での出会いから生じた。その際，男は優しく語りかけ，女ははじらいを持って答えるため，言葉が**柔らかく甘くなった**。それに対して，北方は生活が貧しいため，言語は農作業上の必要性から生じた。その際，外の気候が非常に寒いため，男女ともに口を上下にしっかり動かさなければならず，**言葉がきつく泥臭くなった**』。— これはもちろん単なる「お話」の類(たぐい)でしょうが，ドイツがカラフトと同じ緯度に位置することから分かるように，ドイツ語が「北方系」言語の特徴を備えていてもおかしくありませんね。したがって，ドイツ語を話す時，「ア」ははっきり「ア」，「イ」ははっきり「イ」と発音するのが発音の「コツ」と言われます。私もドイツ人と**言い争う時**などが何か一番上手にドイツ語が話せている感じがします(相手の気持ちを考慮せず，「ア」は「ア」,「イ」は「イ」と発音できるからでしょうね)。皆さんも一度，感情を露わにして，ドイツ語を話したら，どうですか？ふだんより上手に話せるかも。

105

C 実践編

第 5 章 　会話編
第 6 章 　読解編
第 7 章 　聞き取り編
第 8 章 　総仕上げ（模擬テスト）

> 注 未習の話法の助動詞も使われることがあります。115 頁のコラムも参照。

注記

　実践編に取り組んで，「自分はまだダメだなあ！」と思ったら，悩むより，まずは
やり直すことです。「諦めるまでは，負けはない！」と言いますね（**諦めるまでは失
恋もない！？**）。できるようになるまで，やり直せばよいのです。そして，やり直せば，
必ず目標に到着できるのが語学なのです。たかがドイツ語です！

第5章

会話編

（独検では大問 5，大問 6）

23 日目　会話力（1）— 会話場面の特定（独検大問 5）
　コラム：話法の助動詞
　コラム：命令文
24 日目　会話力（2）— 会話文の完成（独検大問 6）

注記

　大問 5 は，短い会話から「会話の場面」などを選ばせるものです。ただし，**5 級**なので，当然，以下のような配慮がなされています。

　①設問文には**難しい語彙**は使わない（当然ですね）。

　②会話の話題は**ごく日常的な**ものにする（当然ですね）。

　③話題の内容は場面的に**違いのはっきりした**ものにする。例えば，「食堂」と「学食」での話題の内容はかなり似たものになるでしょうが，「パン屋」と「花屋」の場合，話題の内容はかなり違ったものになりますね。「ケーキを 2 つ」と言えば「パン屋」，「バラを 10 本，否 1 万本」と言えば，「花屋」（もちろん「高級レストラン」と「学食」ならば，かなり違った内容になるかも知れませんが）。

　なお，このような設問の場合，「文法事項」よりも「解答の仕方」の方が重要になりますので，これまでの【確認ポイント】は，【**解答ポイント**】としてあります。

第 4 週 2 日目

23 日目　会話力(1)－会話場面の特定

月　　日

対策問題　(A)～(C)の会話が行われている場面として最も適切なものを，下の 1～4 のうちから選び，その番号を解答欄に記入しなさい。

(A) A：Eine Fahrkarte nach Heidelberg.
　　 B：Einfach oder hin und zurück?
　　 A：Einfach, bitte.

(B) A：Haben Sie für heute Nacht ein Zimmer frei?
　　 B：Mit Bad oder Dusche?
　　 A：Mit Bad, bitte.

(C) A：Ja, bitte?
　　 B：Eine Brezel und eine Cola, bitte.
　　 A：Zwei Euro neunzig.

1　図書館　　　　　　　　2　ホテル
3　キオスク(街頭などの売店)　4　駅

解答欄　(A) ☐　(B) ☐　(C) ☐

解答ポイント

☐ 会話の話題は，通常，名詞に最も顕著に現れるため，まず，知っている名詞を探す(正解のヒントは名詞にあり！)。

☐ 意味のわかる単語をもとに，想像力をたくましくして，関連性のありそうな選択肢を，時には消去法的に選ぶ。

解説と解答

　設問(A)で使われている名詞は Fahrkarte「乗車券」と Heidelberg「ハイデルベルク(都市名)」。選択肢の中で，「乗車券」と関連のある場所は，通常，**駅**。

　そして，消去法的にも，正解は 4。

《会話文訳》

A：ハイデルベルクへの乗車券をお願いします。

B：片道ですか，往復ですか？

A：片道で，お願いします。

単語

Fahrkarte *die* 切符　nach …へ（前置詞，→98頁）　Heidelberg ハイデルベルク（都市名）
einfach 片道で　oder あるいは（接続詞，→65頁）　hin 行きの　und そして（接続詞）　zurück 戻
りの　hin und zurück 往復の　bitte お願いします

設問 (B) で使われている名詞は Nacht「夜」，Zimmer「部屋」，Bad「風呂」，
Dusche「シャワー」。選択肢の中で，これらの単語と関連のある場所は，通常，**ホ
テル**。そして，消去法的にも，正解は 2。

《会話文訳》

A：今晩，部屋は空いていますか？

B：バス付きですか，シャワー付きですか？

A：バス付きをお願いします。

単語

haben 持っている　für …のために（前置詞）　heute きょう　Nacht *die* 夜　heute Nacht 今晩
Zimmer *das* 部屋　frei 空いて（いる）　mit …付きの（前置詞）　Bad *das* バス　oder あるいは（接
続詞）　Dusche *die* シャワー　bitte お願いします

なお，一番目の質問文を文字通りに訳すと，「あなたは，今晩，一部屋を空い
た状態で持っていますか？」。

設問 (C) の名詞は，Brezel「ブレーツェル（ブレッツェル；8の字形のパン）」，Cola「コー
ラ」，Euro「ユーロ」。選択肢の中で「ブレーツェル」と「コーラ」と関連のある
場所は，通常，**キオスク**。そして，消去法的にも，正解は 3。

《会話文訳》

A：はい，何にしますか？

B：ブレーツェル一つとコーラ一瓶をお願いします。

A：2 ユーロ 90 になります。　　　(zwei Euro neunzig と読む)

単語

ja はい　bitte どうぞ　Brezel *die* プレーツェル　und そして(接続詞)　Cola *die* コーラ

文末を上げながら言う Ja, bitte? は，店の人が客に「何にしますか？」と尋ねる時の決まり文句。なお，Cola は(一つ二つと数えられない)物質名詞ですが，不定冠詞を付け，一つの容器分のものを表すことができます(eine Cola = eine Flasche Cola コーラを1瓶)。

以下のような言い方もあります。

ein　Glas　Bier　　　　ビール1杯
　　　グラース　ビーア

(Ein Bier, bitte!　　　ビールを1杯！)

(ジョッキの場合は ein Krug [クルーク] Bier と言います)

eine　Tasse　Tee　　　　紅茶1杯
　　　タッセ　テー

(Einen Tee, bitte!　　　紅茶を1杯！)

eine　Kanne　Kaffee　　ポット入りのコーヒー1つ
　　　カンネ　カフェー

(小ポットの場合は ein Kännchen [ケンヒェン] Kaffee と言います)

注 値段を言う場合，例えば，上例だと Fünf Euro und fünfzig Cent. とも言いますが(1ユーロは100セント)，省略して Fünf fünfzig. と言われることもあります。一瞬，fünf**und**fünfzig Euro (55ユーロ) かと思って，びっくりしたことがあります。なお，私は数字に弱いので，ドイツでは小銭を支払う時，小銭入れを差し出し，好きに取ってくれと言うのですが，そうしてもこれまでごまかされたことがありません。さすがドイツ！(在間)

この種の設問の対策には，二つの方法があります。その一つは，すでに述べたように，会話の中の単語，特に**名詞**に目を付けて，想像力を働かすことですが(テクニック的過ぎますか？)，もう一つは，日常会話が交わされる**場所**や**場面**，そして，その際の**決まり文句**は限られたものですので，それらを「すべて」覚えてしまうというものです(当たりまえ過ぎますか？)。

> **対策学習** ‥ **会話場面のキーワードと決まり文句** ‥‥‥‥‥‥‥

> **注** 以下の１では，まず，「正解のヒントは名詞にあり！」の仮説のもとで，過去９年の間
> に会話場面の**キーワード**になった名詞（一部，動詞も）の一覧を挙げてみます（これらは，
> 意味的なグループを作るので，第２章「語彙力」の学習にもなります）。２では，それぞれ
> の会話場面での**決まり文句**を並べてみました。

1 会話場面のキーワード （カッコ内は出題回数）

● **駅** （5回）

□ Fahrkarte　*die*　乗車券　　　　□ Zug　　*der*　列車
　ファールカルテ　　　　　　　　　　　ツーク

● **郵便局** （3回）

□ Brief　　*der*　手紙　　　　　　□ Karte　　*die*　はがき
　ブリーフ　　　　　　　　　　　　　　カルテ

□ Paket　　*das*　小包　　　　　　□ Briefmarke　*die*　切手
　パケート　　　　　　　　　　　　　　ブリーフマルケ

□ schicken　　　送る
　シッケン

● **銀行** （2回）

□ Yen　　　*der*　円　　　　　　　□ Euro　　*der*　ユーロ
　イェン　　　　　　　　　　　　　　　オイロ

□ wechseln　　　両替する
　ヴェクセルン

● **ホテル** （3回）

□ Zimmer　　*das*　部屋　　　　　□ Frühstück　*das*　朝食
　ツィムマー　　　　　　　　　　　　　フリューシュテュック

□ Dusche　　*die*　シャワー　　　□ Bad　　*das*　浴室
　ドゥッシェ　　　　　　　　　　　　　バート

● **映画館** （3回）

□ Film　　　*der*　映画　　　　　□ Ticket　　*das*　入場券
　フィルム　　　　　　　　　　　　　　ティケット

□ Karte　　*die*　入場券
　カルテ

111

- **レストラン** （4回）

〈料理〉

□ Speisekarte シュパイゼカルテ	*die*	メニュー	□ Zahlen ツァーレン	*das*	支払い
□ Suppe ズッペ	*die*	スープ	□ Fleisch フライシュ	*das*	肉
□ Fisch フィッシュ	*der*	魚	□ Wurst ヴルスト	*die*	ソーセージ
□ Pommes （複数形） ポメス		フライドポテト			

- **喫茶店** （2回）

| □ Kaffee
カフェ | *der* | コーヒー | □ Tee
テー | *der* | 紅茶 |
| □ Tasse
タッセ | *die* | カップ | | | |

（eine Tasse Kaffee 1杯のコーヒー）

- **お店・市場**

〈食べもの，飲み物〉（4回）

□ Brot ブロート	*das*	パン	□ Brötchen ブレートヒェン	*das*	プチパン
□ Apfel アップフェル	*der*	リンゴ	□ Banane バナーネ	*die*	バナナ
□ Tomate トマーテ	*die*	トマト	□ Kartoffel カルトッフェル	*die*	じゃがいも
□ Milch ミルヒ	*die*	ミルク	□ Käse ケーゼ	*der*	チーズ

〈衣服〉（3回）

□ Hemd ヘムト	*das*	シャツ	□ T-Shirt ティーシャート	*das*	Tシャツ
□ Hose ホーゼ	*die*	ズボン	□ Jacke ヤッケ	*die*	上着
□ Mantel マンテル	*der*	コート			

2 会話場面の決まり文句 （カッコ内は出題された回数）

《店，買い物》（9回）

☐ Was möchten Sie? — Drei Brötchen, bitte.
ヴァス メヒテン ドライ ブレートヒェン

☐ 何を差し上げましょうか？ — プチパンを3つお願いします。

☐ Was kostet ...?
コステット

☐ …はおいくらですか？

☐ Kann ich Ihnen helfen?
カン イーネン ヘルフェン

☐ 何かお手伝いできますか？

《レストラン》（4回）

☐ Was empfehlen Sie?
ヴァス エムプフェーレン

☐ お勧めは何ですか？

☐ Auch etwas zum Trinken?
アオホ エトヴァス ツム トリンケン

☐ お飲みものもいかがですか？

☐ Zahlen, bitte.
ツァーレン

☐ お勘定をお願いします。

☐ Zusammen oder getrennt?
ツザムメン オーダー ゲトレント

☐ ご一緒ですか，別々ですか？

☐ Stimmt so.
シュティムト ゾー

☐ おつりは要りません（＝これで合っています）。

《喫茶店，カフェ》（2回）

☐ Was möchten Sie? — Ich nehme eine Tasse Tee, bitte.
ネーメ タッセ テー

☐ 何になさいますか？ — 紅茶を1杯お願いします。

《ホテル》（3回）

☐ Haben Sie noch ein Zimmer frei?
ノッホ ツィムマー フライ

☐ 空き室はまだありますか？

☐ Was kostet das Zimmer pro Nacht?
コステット プロ ナハト

☐ その部屋は1泊いくらですか？

☐ Mit Bad oder Dusche?
バート ドゥッシェ

☐ バス付きですか，シャワー付きですか？

《道案内》(3回)

☐ Entschuldigung, wo ist der Bahnhof?
エントシュルディグング ヴォー バーンホーフ

☐ すみません，駅はどこでしょうか？

☐ Wie komme ich zum Schloss?
ヴィー コムメ ツム シュロス

☐ お城にはどう行けばよいのでしょうか？

《駅(のホーム)》(5回)

☐ Einmal nach Köln.
アインマール ナーハ ケルン

☐ ケルンまで1枚。

☐ Einfach oder hin und zurück?
アインファッハ ツリュック

☐ 片道ですか，往復ですか？

☐ Zweite Klasse*, bitte.
ツヴァイテ

☐ 2等で，お願いします。

*Zweiter［ツヴァイター］Klasse と言うこともあります。

☐ Fährt der Zug nach Köln?
フェーアト ツーク

☐ この列車はケルンに行きますか？

《銀行》(2回)

☐ Ich möchte Yen in Euro wechseln.
メヒテ オイロ ヴェクセルン

☐ 円をユーロに替えたいのですが。

《郵便局》(3回)

☐ Was kostet dieser Brief?
ヴァス コステット ディーザー ブリーフ

☐ この手紙はいくらになりますか？

☐ Haben Sie Sonderbriefmarken?
ハーベン ゾンダーブリーフマルケン

☐ 記念切手はありますか？

☐ Das Paket nach Japan, bitte.
パケート ヤーパン

☐ この小包を日本にお願いします。

114

《映画館》(3回)

☐ Haben Sie noch Karten für den Film?
ノッホ　カルテン　フューア　フィルム

　　　　　　　　　　　　　☐ 映画の入場券はまだありますか？

☐ Wann beginnt der Film?
ヴァン　ベギント

　　　　　　　　　　　　　☐ 映画は何時に始まりますか？

《電話》(3回)

☐ Schmidt. Hallo?
シュミット　ハロー

☐ もしもし，シュミットです。
（電話を受けた人が言う言葉）

☐ Hier spricht ... / Hier ist ....
ヒーア　シュプリヒト

☐ 私は…ですが，〜。
（電話をかけた人が言う言葉）

☐ Hallo. Ist Jan da?
ヤン　ダー

☐ もしもし，ヤンはいますか？

☐ Einen Moment, bitte!
モメント

☐ ちょっと待ってください！

コラム　話法の助動詞 ───

　大問5以降はテキストを使った出題問題になります。したがって，未習の文法事項も使われるようになるのですが，その中で一番重要なのが話法の助動詞でしょう。そのすべてを学ぶのは大変ですので，一つだけ学ぶとすると，「…したい」という意味の möchten（変化形 ich möchte, du möchtest, ...）です。

　そして，もう一つ学んでもいいならば，話法の助動詞と結びつく本動詞は文末に置かれるということです。すなわち，英語の場合，「**主語＋話法の助動詞＋本動詞＋** ... 」という語順になるのですが，ドイツ語の場合は，「**主語＋話法の助動詞＋** ...（中略）... **＋本動詞**（文末）」という語順になるのです。

　したがって，前頁の《銀行》のところでの決まり文句 Ich möchte Yen in Euro **wechseln**. で，動詞 wechseln が文末に置かれているのはそのためなのです。

115

実戦トレーニング

会話が行われている場所や場面として最も適切なものを，次頁の **1～7** のうちから選び，その番号を解答欄に記入しなさい。

（A） A：Ich möchte Yen in Euro wechseln.
　　 B：Wie viel möchten Sie wechseln?
　　 A：50 000 Yen. 　　　　　　　　　　　　　　　　　解答欄 ☐

（B） A：Entschuldigung, wie komme ich zur Universität?
　　 B：Der Bus da fährt zur Universität.
　　 A：Danke sehr! 　　　　　　　　　　　　　　　　　解答欄 ☐

（C） A：Was wünschen Sie, bitte?
　　 B：Ich nehme Spaghetti.
　　 A：Auch etwas zum Trinken? 　　　　　　　　　　　解答欄 ☐

（D） A：Ja, bitte.
　　 B：Haben Sie Sonderbriefmarken?
　　 A：Gehen Sie zu Schalter 3. (→次頁コラム)　　　　　解答欄 ☐

（E） A：Guten Tag!
　　 B：Ich möchte ein Kleid.
　　 A：Welche Größe haben Sie? 　　　　　　　　　　　解答欄 ☐

（F） A：Ihren Pass, bitte!
　　 B：Ja, hier bitte!
　　 A：Wie lange bleiben Sie in Deutschland? 　　　　　解答欄 ☐

　　 1　デパート　　　2　空港　　　　3　道案内
　　 4　駅の窓口　　　5　レストラン　6　郵便局
　　 7　銀行

単語

möchten ほしい　Yen *der* 円　in …に(前置詞，→98頁)　Euro *der* ユーロ　wechseln 両替する　wie viel どの位(疑問詞，→96頁)

Entschuldigung *die* 許し　wie どのように(疑問詞)　kommen 来る　zur(「…に」，前置詞 zu と定冠詞の融合形，→100頁)　Universität *die* 大学　Bus *der* バス　da あそこの(前の名詞を修飾)　fährt(< fahren(乗り物が)行く)　Danke sehr! ありがとうございます

was 何を(疑問詞)　wünschen 望む　bitte どうぞ　nehmen …にする　Spaghetti(複数形)スパゲッティ　auch …も　etwas あるもの(英 *something*)　zum(「…するための」，前置詞 zu と定冠詞の融合形)　Trinken *das* 飲むこと(不定詞の語頭を大文字で書くと，「…すること」という名詞になる)

Ja, bitte! はい，どうぞ！　haben 持っている　Sonderbriefmarke *die* 記念切手　gehen 行く　zum …に(前置詞)　Schalter *der* 窓口　Guten Tag! こんにちは！(原義は「良い日を！」)　Kleid *das* ワンピース　welche どの(疑問詞)　Größe *die* サイズ

Ihren あなたの(所有冠詞，→83頁)　Pass *der* パスポート　ja はい　hier ここに　wie lange どの位長く(疑問詞)　bleiben 留まる　in …の中(前置詞)　Deutschland ドイツ(国名)

コラム　命令文

上掲の(D)の Gehen Sie zu Schalter 3. の文は命令文です。ドイツ語の命令文には親称と敬称の2種類があり，上例は敬称の命令文です。敬称の命令文は，決定疑問文と語順が同じですが，口調は下り音調の命令口調になります(親称の命令文については『独検合格4週間ノイ《4級》』の52頁を参照)。感嘆符を付けることも終止符を付けることもあります。

Gehen Sie zu Schalter 3?　　♪　　(文末を上げる)
3番窓口に行きますか？

Gehen Sie zu Schalter 3.　　↘　　(文末を下げる)
3番窓口に行きなさい。

〈類例〉　Lernen Sie Deutsch?　　♪　　ドイツ語を学んでいるのですか？
　　　　レルネン　　ドイチュ

　　　　Lernen Sie Deutsch!　　↘　　ドイツ語を学びなさい。

117

第 4 週 3 日目

24 日目 会話力（2）－会話文の完成

月　　日

対策問題 次の文章は，Kai と Nina の大学での会話です。この会話を完成するために，日本語になっている箇所 A～D にあてはまる最も適切なドイツ語を，下の**1**～**3**のうちから選び，その番号を解答欄に記入しなさい。（2016 年度夏期）

61

Kai　：Hallo, Nina. Wie geht's dir?
　　　　（**A**　もう回復して元気になった？）
Nina：Hi, Kai. Mir geht es jetzt sehr gut.
Kai　：Das ist schön.
　　　　Ach ja,（**B**　ユーリアと僕は木曜日に映画を観に行くんだ。）
　　　　Wir sehen einen Anime aus Japan.
Nina：Ah, stimmt!
　　　　（**C**　語学学校で日本語を勉強しているんだったわね。）
　　　　Ist das schwer?
Kai　：Nein, gar nicht. Japanisch ist sehr interessant.
　　　　Ich gehe jetzt zum Unterricht.
Nina：O.K. Tschüs!（**D**　またあした！）

A　**1**　Bist du auch krank?
　　2　Bist du wieder gesund?
　　3　Bist du schon da?

B　**1**　Julia und ich gehen am Donnerstag ins Kino.
　　2　Julia und ich gehen am Dienstag ins Kino.
　　3　Julia und ich gehen am Samstag ins Kino.

C　**1**　Du lernst an der Universität Japanisch.
　　2　Du lernst in der Sprachschule Japanisch.
　　3　Du studierst in der Sprachschule Japanisch.

D	1	Von morgen!
	2	Bis heute!
	3	Bis morgen!

解答欄 （A）☐ （B）☐ （C）☐ （D）☐

🔍 解答ポイント

☐ 一種の独作文。カッコ内の日本語に対応するドイツ語を選択肢から
選ぶだけ。したがって，消去法的にも解答可。
☐ 選択肢同士の間で対立している語句を探し出すのが合理的。
☐ 道で出会うとか，電話で話すなどの場面が多い。

解説と解答

会話は Kai が Nina に「お元気ですか？」と尋ねるところから始まります。

設問 A の選択肢で対立している語句は **krank** と **gesund** と **da**。これらの中で，「もう回復して元気」に対応するのは **gesund**。したがって，正解は 2。

設問 B の選択肢で対立している語句は **Donnerstag** と **Dienstag** と **Samstag**。これらの中で，「木曜日」に対応するのは **Donnerstag**。したがって，正解は 1。

設問 C の選択肢で対立している語句は **lernst** と **studierst**，そして **Universität** と **Sprachschule**。これらの中で，「語学学校」に対応するのは **Sprachschule**。そして，lernen は一般的な「学ぶ」，studieren は「大学で学ぶ；専攻する」。したがって，studieren と sprachschule は整合しないので，正解は 2。

設問 D の選択肢で対立している語句は **von** と **bis**，**morgen** と **heute**。「あした」という語 **morgen** を含む選択肢は 1 と 3。別れ際の言葉としてふさわしいのは **Bis morgen!**（文字通りに訳すと「明日まで」。「明日（再会する）まで（お元気でいてください）！」という意味。von は「…から」，bis は「…まで」（前置詞，→ 98 頁））。したがって，正解は 3。

119

《ドイツ語文の訳》

☐ Hallo, Nina.   ☐ やあ，ニーナ！

☐ Wie geht's dir?   ☐ 調子はどうだい？（注1）

☐ (選択肢 A が入る)

☐ Hi, Kai.   ☐ ハーイ，カイ。

☐ Mir geht es jetzt sehr gut.   ☐ もう調子はとてもいいわ。（注2）

☐ Das ist schön.   ☐ それはよかった。

☐ Ach ja, (選択肢 B が入る).   ☐ ああ，そうだ，…。

☐ Wir sehen einen Anime aus Japan.   ☐ 日本のアニメを観に行くんだ。

☐ Ah, stimmt!   ☐ ああ，そうだったわね。（注3）

☐ (選択肢 C が入る)

☐ Ist das schwer?   ☐ それは難しい？

☐ Nein, gar nicht.   ☐ いや，全然そんなことないよ。

☐ Japanisch ist sehr interessant.   ☐ 日本語はとても面白いよ。

☐ Ich gehe jetzt zum Unterricht.   ☐ 僕はもう授業に行くね。

☐ O.K.   ☐ 了解。

☐ Tschüs! (選択肢 D が入る)   ☐ じゃあね！

注1 geht's は geht es［ゲート エス］の短縮形。Wie geht es ＋ ③格 ？は相手の健康状態などを尋ねる決まり文句。dir［ディーア］は人称代名詞 du「君」の3格。

注2 健康状態などを尋ねられて答える時は Es geht mir ＋ 形容詞 という形で答えます。mir［ミーア］は人称代名詞 ich「私」の3格。

注3 es stimmt の，es の省略形。stimmen［シュティムメン］は「合っている」。

主な単語

hallo やあ　Nina ニーナ（女名）　wie どのように　hi ハーイ　Kai カイ（男名）　jetzt 今　sehr とても　gut 良い　das それは　ist（< sein …である）　schön すばらしい　ach ja ああ，そうだ　sehen 見る　Anime *der* アニメ　aus …から（前置詞．→98頁）　Japan 日本（国名）　ah ああ　das それは　schwer 難しい　nein いいえ（英 *no*）　gar 全然 …（でない）　nicht …でない　Japanisch *das* 日本語　interessant 面白い　gehen 行く　zum（「…に」，前置詞 zu と定冠詞の融合形．→100頁）　Unterricht *der* 授業　O.K. 了解　tschüs バイバイ

120

《選択肢の訳（太字が対立語句）》

A 1 Bist du auch **krank**? 　　君も病気なの？
　2 Bist du wieder **gesund**? 　　君はもう元気になったの？
　3 Bist du schon **da**? 　　君はもう着いたの？

B 1 Julia und ich gehen am **Donnerstag** ins Kino.
　　ユーリアと私は木曜日に映画に行きます。
　2 Julia und ich gehen am **Dienstag** ins Kino.
　　ユーリアと私は火曜日に映画に行きます。
　3 Julia und ich gehen am **Samstag** ins Kino.
　　ユーリアと私は土曜日に映画に行きます。

C 1 Du **lernst** an der **Universität** Japanisch.
　　君は大学で日本語を学んでいるんだ。
　2 Du **lernst** in der **Sprachschule** Japanisch.
　　君は語学学校で日本語を学んでいるんだ。
　3 Du **studierst** in der **Sprachschule** Japanisch.
　　君は語学学校で日本語を専攻しているんだ。

D 1 **Von morgen**! 　　明日から！
　2 **Bis heute**! 　　きょうまで！
　3 **Bis morgen**! 　　明日またね！

主な単語

auch …も　krank 病気の　wieder 再び　gesund 健康な　schon もう　da そこに（da sein で「そこにいる」）　Julia ユーリア（女名）　und そして（接続詞，→65頁）　gehen 行く　am（「…に」，前置詞 an と定冠詞 dem の融合形，→100頁）　Donnerstag der 木曜日　ins（「…に」，前置詞 in と定冠詞 das の融合形）　Kino das 映画館　Dienstag der 火曜日　Samstag der 土曜日　lernen 学ぶ　an …で（前置詞，→98頁）　Universität die 大学　Japanisch das 日本語　in …で（前置詞）　Sprachschule die 語学学校　studieren 大学で学ぶ；専攻する　von …から（前置詞）　morgen 明日　bis …まで（前置詞）　heute きょう　morgen 明日

会話文を完成する場合，一般的な表現とともに，113頁〜115頁の「会話場面の決まり文句」（電話のかけ方など）も出題されます。次頁では，それらの補足として「出会いあるいは別れの際の決まり文句」をまとめておきました。ざっとでもよいので，一応，目を通しておいた方がよいと思います。

対策学習 ……… 出会いや別れなどの挨拶表現 ………………

☆出題テキストに使われそうな挨拶表現を以下に挙げてみます。会話の流れを的確に把握するのには必要なものです。

- ☐ Guten Tag, Herr Müller!
  グーテン ターク ヘア ミュラー
- ☐ ミュラーさん，こんにちは！

- ☐ Grüß Gott!
  グリュース ゴット
- ☐ こんにちは！
  （南ドイツやオーストリアで）

- ☐ Wie geht es dir?
  ヴィー ゲート ディーア
- ☐ 元気ですか？

- ☐ Danke, es geht mir gut.
  ダンケ ミーア グート
- ☐ ありがとう，元気です。

- ☐ Und dir?
  ウント ディーア
- ☐ それで君は？

- ☐ Vielen Dank!
  フィーレン ダンク
- ☐ ありがとう！

- ☐ Nein, danke!
  ナイン ダンケ
- ☐ いいえ，結構です！
  （丁寧に断る表現）

- ☐ Auf Wiedersehen!
  アオフ ヴィーダーゼーエン
- ☐ さようなら！

- ☐ Auf Wiederhören!
  アオフ ヴィーダーヘーレン
- ☐ さようなら！
  （電話で）

- ☐ Bis später!
  ビス シュペーター
- ☐ ではまた後で！

- ☐ Schönes Wochenende!
  シェーネス ヴォッヘンエンデ
- ☐ よい週末を！

  — Danke, ebenfalls.
  ダンケ エーベンファルス
  — ありがとう，君もね。

- ☐ Gute Reise!
  グーテ ライゼ
- ☐ よきご旅行を！

- ☐ Guten Appetit!
  グーテン アペティート
- ☐ いただきます：お召し上がりください！

- ☐ Tut mir leid!
  トゥート ミーア ライト
- ☐ 残念です。

実戦トレーニング

次の文章は，ドイツを旅行中の Frau Oka とレストランの Kellnerin の会話です。
この会話を完成するために，日本語になっている箇所 A〜D にあてはまる最も
適切なドイツ語を，下の 1〜3 のうちから選び，その番号を解答欄に記入しなさ
い。主な単語の発音と意味は次頁下を参照。

Kellnerin ： （A　何になさいますか？）

Frau Oka ： Einmal Schnitzel mit Pommes, bitte.

Kellnerin ： （B　飲み物はどうなさいますか？）

Frau Oka ： Ein Glas Bier, bitte.

Kellnerin ： Sonst noch etwas?

Frau Oka ： Nein, das ist alles.

――食後――

Frau Oka ： Entschuldigung! （C　お勘定をお願いします。）

Kellnerin ： Einmal Schnitzel mit Pommes und ein Glas Bier.
Das macht 18,20 Euro.

Frau Oka ： 20 Euro, （D　おつりはどうぞ。） Stimmt so.

Kellnerin ： Danke schön.

(A)　1　Was ist das?　　　　　　　　2　Was lernen Sie?
　　　3　Was wünschen Sie?

(B)　1　Und zum Trinken?　　　　　　2　Und zum Schlafen?
　　　3　Und zum Essen?

(C)　1　Die Speisekarte, bitte!　　　　2　Bitte, zahlen!
　　　3　Guten Appetit!

(D)　1　schade!　　　　　　　　　　　2　auf Wiedersehen!
　　　3　bitte schön!

解答欄 （A）□　（B）□　（C）□　（D）□

123

第6章

読解編

（独検では大問 6，大問 7）

25 日目　読解力（1）― 内容把握 (大問 7)
26 日目　読解力（2）― 情報の読み取り (大問 8)

注記

　2013 年度春期より以前は，解答の選択肢がドイツ語で書かれるたこともありましたが，最近はもっぱら日本語になりました。

単語（前頁実践トレーニング）

Kellnerin *die* ウエートレス　Frau *die* …さん（姓に付ける：女性の場合）　einmal 一回　Schnitzel *das* カツレツ　mit …付きの（前置詞，→98 頁）　Pommes ［ポメス］（複数形）フライドポテト　bitte どうぞ　Glas *das* グラス　Bier *das* ビール　sonst その他に　noch まだ　etwas 何か（英 *something*）　nein いいえ（英 *no*）　das それが　ist（< sein …である）　alles すべて　Entschuldigung *die* 許し　und そして（接続詞，→65 頁）　machen 作る（この場合「…になる」）　Euro *der* ユーロ　stimmen 合っている（主語の es を省略した形，チップを渡すときの決まり文句）　so このようで　Danke schön. ありがとうございます

was 何を（疑問詞，→96 頁）　lernen 学ぶ　wünschen 望む　zum（「…するための」，前置詞 zu と定冠詞の融合形，→100 頁）　Trinken *das* 飲むこと　Schlafen *das* 眠ること　Essen *das* 食べること　Speisekarte *die* メニュー　zahlen 支払う　Guten Appetit!（食事の際に言う決まり文句）頂きます！　schade 残念な　Auf Wiedersehen! さようなら！　Bitte schön! はい，どうぞ！

第 4 週 4 日目

25 日目　読解力(1) ― 内容把握

月　　日

> **対策問題**　以下は，Jochen と Makoto が自己紹介するメールのやり取りです。この文章の内容に合うものを，下の 1～4 のうちから二つ選び，その番号を解答欄に記入しなさい。ただし，番号の順序は問いません。

63

a) Hallo Makoto,

ich heiße Jochen. Ich bin 21 Jahre alt und wohne in Berlin. Ich studiere Medizin. Seit einem Jahr lerne ich Japanisch. Das macht Spaß, aber es ist ziemlich schwierig. Übrigens spiele ich Gitarre. Machst du auch Musik?

Viele Grüße

Jochen

b) Hallo Jochen,

ich bin Makoto. Ich bin auch 21 Jahre alt. Ich wohne zwar in Tokio, komme aber eigentlich aus Kioto. Ich studiere seit April Philosophie. Zuerst lerne ich jetzt aber Deutsch. Ich finde, Deutsch ist auch schwierig. Mache ich Musik? Ja, ich spiele Klavier.

Viele Grüße

Makoto

1　Jochen は Makoto より年上である。
2　Jochen はベルリンで医学を，Makoto は東京で哲学を学んでいる。
3　Jochen は日本語を，Makoto はドイツ語を難しいと思っている。
4　Jochen はピアノを弾き，Makoto はギターを弾く。

解答欄　☐，☐

🔍 解答ポイント

☐ 選択肢で問題になる点を押さえ，それらがテキストの内容と一致するかどうかを確認する。

解説と解答

選択肢1で問題になっている点は年齢。「ist ... 数字 + Jahre alt」は「…歳である」。数字が同じなので，二人は同年齢。内容的に**合致しません**。

選択肢2で問題になっている点はJochenとMakotoの勉学場所と専攻科目。Jochenはベルリンに住んでいて，専攻は医学。Makotoは東京に住んでいて，専攻は哲学。内容的に**OK**。

選択肢3で問題になっている点は学習言語とその印象。Jochenは日本語を，Makotoはドイツ語を学んでいて，二人ともそれぞれの言語を難しいと思っています。内容的に**OK**。

選択肢4のポイントは二人の弾く楽器。Jochenの弾く楽器はギター，Makotoの弾く楽器はピアノ。内容的に**合致しません**。

したがって，正解は2と3。

《出題文の逐語訳》

全訳の前に，逐語訳(青字)を載せてみます。日本語とドイツ語の語順の共通点と相違点，特に動詞，前置詞の位置の相違を確認してください。

a) Hallo Makoto, ich **heiße** Jochen.
ハロー　マコト　私は　…という名前である　ヨッヘン

Ich **bin** 21 Jahre alt und **wohne** in Berlin.（→注）
私は …である 21 　…歳 そして 住んでいる …に ベルリン

Ich **studiere** Medizin.
私は 専攻している 医学を

Seit einem Jahr **lerne** ich Japanisch.
…前から 1 年 学んでいる 私は 日本語を

Das **macht** Spaß, aber es **ist** ziemlich schwierig.
それは 作る 楽しみを しかし それは …である 　かなり 　難しい

Übrigens **spiele** ich Gitarre.
ところで 弾く 私は ギターを

Machst du auch Musik ?（決定疑問文）
する 君は …も 音楽を のか？

Viele　Grüße*　Jochen　　　　　　　　*手紙などの結びの言葉。
沢山の　挨拶を　　ヨッヘン

注 einundzwanzig と読む。数字 + Jahre alt で「（数字）歳」。

b) Hallo　Jochen, ich　**bin**　Makoto.
　ハロー　ヨッヘン，私は …である　マコト

Ich　**bin**　auch　21　Jahre　alt.
私は …である　　…も　21　　…歳

Ich　**wohne**　zwar　in　Tokio*,　　　*Tokyo も可。
私は　住んでいる たしかに　…に　東京

komme　aber　eigentlich　aus　Kioto*.　　*Kyoto も可。
　来る　　しかし　元々は　　…から　京都

Ich　**studiere**　seit　April　Philosophie.
私は　専攻する　　…より　4月　　哲学を

Zuerst　**lerne**　ich　jetzt　aber　Deutsch.
まずは　学ぶ　　私は　今　　しかし　ドイツ語を

Ich　**finde**, Deutsch　**ist**　auch　schwierig.
私は　思う　　ドイツ語は …である　…も　難しい

Mache　ich　Musik　？（確認を求める疑問文）
する　　私は　音楽を　…ですかって？

Ja,　ich　**spiele**　Klavier.
はい，私は　弾く　　ピアノを

Viele　Grüße　Makoto
沢山の　挨拶を　　マコト

> 動詞と前置詞の位置以外，ドイツ語と日本語の語順が似ていませんでしたか？
> したがって，ドイツ語を日本語に訳す場合，主語から訳そうなんて思わないで，ドイツ語の単語を一つひとつ，並べられている順に訳していけば良いのです…ただし特に動詞が出て来たら，それは，すぐに訳さず，すべての語句を訳し終わるまで待ち，そしてすべての語句を訳し終えたら，最後におもむろに訳せばよいのです。

127

〈訳〉

a) こんにちは，マコト，僕はヨッヘンと言います。
　21歳で，ベルリンに住んでいます。
　医学を専攻しています。
　1年前から日本語を勉強しています。
　それは面白いのですが，しかし，かなり難しいです。
　ところで僕はギターを弾きます。
　君も音楽をしますか？
　さようなら　ヨッヘン

b) こんにちは，ヨッヘン，
　僕はマコトです。
　僕も21歳です。
　今は(zwarは「たしかに…だが」の意味)東京に住んでいますが，
　元々は京都出身です。
　僕は4月から哲学を専攻しています。
　でも今はまずドイツ語を学んでいます。
　ドイツ語も難しいと思います。
　僕が音楽をしているかですか？
　はい，僕はピアノを弾きます。
　さようなら　マコト

ドイツ語で書かれた長めの文章を読み，内容を正しく理解できるかが問われます。すでに述べましたように，5級の常として，特にテキストでは，未習の文法事項が使われます。前置詞，形容詞，話法の助動詞などなど。未習事項がない方が当然よいとは思いますが，みなさんも，日本語の本を読んでいて，難しい漢字が出て来たら，飛ばして読むこともありますね。ドイツ語もそうです。分からないところはスパッと無視して，わかるところを手掛かりに想像力を思いっ切り働かせてみましょう。
(「わからない単語があっても文意を読み取る能力を評価するのだ」という意見を耳にしたことがありますが，まず学んだ単語がうろ覚えではどうしようもありませんね。したがって，出題テキストに知らない単語が使われているといってむやみやたらに語彙を増やそうとするよりも，今学んでいる単語をしっかり自分のものにすることの方がずっと大事だと思います。)

実戦トレーニング

注 正確な文法知識に基づき，文意を正確に読み取る力を試すBの文法編に対し，Cの実践編の読解問題は，長めのテキストの文意を「わからない単語があっても読み取る力」を試すものです。しかし，繰り返しになりますが，そのためにも「わかる単語」のところは，「正確な文法力」で読み取る力が必要ですね。したがって，まずは，本章の解説や実戦トレーニングで使用されている例文や「おまけ」的に付けられたテキストを，暗記するほどに何度も練習しておくことが有益だと思います。そこで，元気を出してもう1題！

☆以下は一人の学生の一週間の出来事を書いたものです。この文章の内容に合うものを，下の**1〜4**のうちから二つ選び，その番号に丸を付けなさい。ただし，番号の順序は問いません。

　　　Hallo! Ich heiße Anke. Ich studiere Tiermedizin.
　Mein Freund heißt Hans. Er studiert Sportwissenschaft.
　Meine Freundin heißt Nina. Sie studiert Musik.

　　　Ich habe einen Hund und eine Katze zu Hause.
　Der Hund heißt Dan und ist sechs Jahre alt.
　Die Katze heißt Hana und ist drei Jahre alt.

　　　Ich liebe Tiere sehr. Deshalb studiere ich Tiermedizin.

1　ハンスはニーナのボーイフレンドである。
2　アンケの女友達は音楽を専攻している。
3　飼っている犬は3歳である。
4　アンケは，動物がとても好きなので，獣医学を学んでいる。

単語（主な単語のみ）

hallo こんにちは　heißen …という名前である　studieren 専攻する　Tiermedizin *die* 獣医学　mein 私の（所有冠詞，→83頁）　Freund *der* ボーイフレンド　Sportwissenschaft *die* スポーツ科学　meine 私の（所有冠詞）　Freundin *die* 女友達　Musik *die* 音楽　haben 飼っている　Hund *der* 犬　und そして（接続詞，→65頁）　Katze *die* 猫　zu Hause ［ツー ハオゼ］家で（前置詞句の熟語）　ist（< sein …である）　**数字** + Jahre alt …歳（である）　deshalb そういう訳で

129

第 4 週 5 日目

26日目 読解力(2) ― 情報の読み取り

月　　日

対策問題 以下は，マリーの一週間の予定がメモされたカレンダーの一部です。そのメモの内容に合うものを下の **1〜8** のうちから三つ選び，その番号を解答欄に記入しなさい。ただし，番号の順序は問いません。

Mo.	2.	9:00 - 17:00	Arbeit
		19:00	Konzert（Stefan）
Di.	3.	9:00 - 17.00	Arbeit
		19:00	Tanzschule
Mi.	4.	9:00 - 12.00	Arbeit
		am Nachmittag Einkaufen	
Do.	5.	9:00 - 17.00	Arbeit
		18:00	Kino（Emma）
Fr.	6.	9:00 - 17.00	Arbeit
		――	
Sa.	7.	Annas Geburtstag!	
		19:00	Party
So.	8.	Wanderung（Emma + Stefan + Lukas）	

1 週に二回ダンス教室に行く。

2 4 日は午後，買い物に出かける。

3 日曜日はアンナの誕生日で，パーティーがある。

4 2 日から 8 日まで毎日働く。

5 土曜日にエマ，シュテファン，ルーカスとハイキングに行く。

6 2 日，仕事が終わった後，シュテファンとコンサートに行く。

7 火曜日，エマと映画を見に行く。

8 この週はエマと二度会う。

解答欄 □, □, □

解答ポイント

- 簡単な**メモ書きなど**から，意味されているものを**読み取る**設問。通常，**名詞**がキーワードになるので，名詞に注目し，想像力を働かせる。

解説と解答

設問のメモ書きで文法的に難しいのは 7 日の Annas [アンナス]。これは固有名詞 Anna（女名）に s を付けたもの（=「アンナの」）。女性の名前でも「…の」という意味にする場合，s を付けます。訳は，以下のようになります。なお，ドイツでは，カレンダーは月曜日から始まります。

月	2 日	9:00–17:00	仕事	19:00	コンサート（シュテファン）
火	3 日	9:00–17:00	仕事	19:00	ダンス教室
水	4 日	9:00–12:00	仕事	午後	買い物
木	5 日	9:00–17:00	仕事	18:00	映画（エマ）
金	6 日	9:00–17:00	仕事	―	
土	7 日	アンナの誕生日！		19:00	パーティー
日	8 日	ハイキング（エマ＋シュテファン＋ルーカス）			

したがって，**正解は 2, 6, 8**。

単語（主な単語）

Mo. = Montag「月曜日」の略 Arbeit *die* 仕事 Konzert *das* コンサート Stefan シュテファン Di. = Dienstag「火曜日」の略 Tanzschule *die* ダンス教室 Mi. = Mittwoch「水曜日」の略 am（「…に」，前置詞 an と定冠詞 dem の融合形．→ 100 頁） Nachmittag *der* 午後 Einkaufen *das* 買い物 Do. = Donnerstag「木曜日」の略 Kino *das* 映画館 Emma エマ（女名） Fr. = Freitag「金曜日」の略 Sa. = Samstag「土曜日」の略 Annas アンナの Geburtstag *der* 誕生日 Party *die* パーティー So. = Sonntag「日曜日」の略 Wanderung *die* ハイキング Lukas ルーカス

次頁に，過去 8 年間に使われたキーワード的単語をテーマ別にまとめておきましたが，毎回，テーマが異なっています（ただ，大問 4（本書の第 2 章）の語彙力の，間接的な対策にはなります）。なお，**数字**や**日時表現**（曜日と月名など）は，必ずと言ってもよいほど**出題**されますので，必ず覚えておいてください（「別冊解答集」22 頁）。

対策学習 •••• 過去 8 年間に使われた主な単語 •••••••••••••••••••

《テーマ別》

• **申し込み**など

☐ Familienname *der* 姓
ファミーリエンナーメ

☐ Vorname *der* 名1
フォーアナーメ

☐ Geburtstag *der* 誕生日
ゲブルッターク

☐ Geburtsort *der* 出生地
ゲブルツオルト

☐ Adresse *die* 住所
アドレッセ

☐ Telefonnummer *die* 電話番号
テレフォーンヌムマー

• **旅行パンフレット**

☐ Reise *die* 旅行
ライゼ

☐ Urlaub *der* 休暇
ウーアラオプ

☐ Hotel *das* ホテル
ホテル

☐ Doppelzimmer *das* ツイン
ドッペルツィムマー

• **鉄道旅行**

☐ Abfahrt *die* 出発
アップファールト

☐ Ankunft *die* 到着
アンクンフト

☐ Hinfahrt *die* 往路
ヒンファールト

☐ Rückfahrt *die* 復路
リュックファールト

☐ Fahrkarte *die* 乗車券
ファールカルテ

• **賃貸住宅**など

☐ Haus *das* 家
ハオス

☐ Wohnung *die* 住居
ヴォーヌング

☐ Miete *die* 家賃
ミーテ

☐ vermieten 賃貸する
フェアミーテン

• **パーティー**など

☐ Einladung *die* 招待
アインラードゥング

☐ Party *die* パーティー
パールティ

☐ feiern 祝う
ファイエルン

132

実戦トレーニング

以下は，のみの市（フリーマーケット）の案内を記したチラシです。表示の内容と一致するものを下の **1～8** のうちから三つ選び，その番号を解答欄に記入しなさい。ただし，番号の順序は問いません。（2015 年度秋期）

Flohmarkt

in der Goethe-Schiller-Schule Kassel

Samstag, 7. Mai 2016

10.00 – 14.00 Uhr

Ein Flohmarkt von Schülern, Eltern und Lehrern
für Kinderkleidung und Spielzeug.
Eintritt: 4 Euro (mit Kaffee und 1 Stück Kuchen)

Goethe-Schiller-Schule, Blumenstraße 5, 34117 Kassel
Information: Frau Müller, Mo. – Fr. 8.00 – 13.00 Uhr

---

1 のみの市の会場は，カッセルという町の公園である。

2 のみの市は 5 月 7 日，日曜日に開催される。

3 のみの市は，生徒，親，教師が運営している。

4 のみの市では，子供服と本が販売される。

5 4 ユーロを支払えばケーキを好きなだけ食べられる。

6 この学校は，カッセルという町のブルーメン通りにある。

7 問い合わせ先はミュラーさんである。

8 問い合わせ時間は，月曜日から金曜日の 10 時から 14 時までである。

単語（主な単語）

Flohmarkt *der* のみの市　Goethe-Schiller-Schule *die* ゲーテ・シラー学校　Kassel カッセル（都市名）　Samstag *der* 土曜日　Mai *der* 5 月　数字 ＋ Uhr …時　Schülern（複数形；＜ Schüler *der* 生徒）　Eltern（複数形）両親　Lehrern（複数形；＜ Lehrer *der* 先生）　Kinderkleidung *die* 子供服　Spielzeug *das* 玩具　Eintritt *der* 入場　Stück *das* 一つ　Kuchen *der* ケーキ　Blumenstraße *die* ブルーメン通り　Information *die* 情報　Frau …さん（姓に付ける：女性の場合）　Mo. = Montag「月曜日」の略　Fr. = Freitag「金曜日」の略

《聞き取り問題を前にして，集中学習！》

☆聞き取り問題の第 1 部の小問 (4)（まれに (3)）では，これまで必ず数字を聞き取らせる問題が出題されました。それも 10 以下の数字 (5 級が創設された時からほぼ毎回)！また，他の，時刻や値段や品物数の設問でも，数字がキーワードになりますので，合格を確実なものにするために，是非，以下の数字を完璧に覚えておいてください。

65

| 0 | null
ヌル | 1 | eins
アインス |

─── 最重要！！ ───

2	zwei ツヴァイ	3	drei ドライ	4	vier フィーア	5	fünf フュンフ
6	sechs ゼクス	7	sieben ズィーベン	8	acht アハト	9	neun ノイン
10	zehn ツェーン

《時刻》　　Es ist zwei Uhr.　　　　　　2 時です。
　　　　　　　　　　　ウーア

《値段》　　Das kostet drei Euro.　　　　3 ユーロです。
　　　　　　　　　コステット　　オイロ

《品物など》　Ich nehme drei Tabletten.　　私は 3 錠飲みます。
　　　　　　　　　　ネーメ　　　　タブレッテン

注 品物の数が出題対象になる場合，名詞の複数形が使われます（複数形→86 頁）。

《緊急ニュース》

2017 年度冬期では zwölf, zwanzig, そして dreißig も出題に使われました。以下の数字も覚えておきましょうか？

11	elf エルフ	12	zwölf ツヴェルフ	13	dreizehn ドライツェーン	14	vierzehn フィルツェーン
15	fünfzehn フュンフツェーン	16	sechzehn ゼヒツェーン	17	siebzehn ズィープツェーン	18	achtzehn アハトツェーン
19	neunzehn ノインツェーン	20	zwanzig ツヴァンツィヒ	30	dreißig ドライスィヒ

134

第7章

聞き取り編

27日目　聞き取り試験

聞き取り試験は，次の3部から成っています。

第1部　短いドイツ語の文章を放送し，その内容を表すものとして
　　　　最も適した絵を選択肢から選ばせる問題 (3題) と文中での数
　　　　字を聞き取らせ，書かせる問題 (1題)。

第2部　まず，ドイツ語の短い文章あるいは会話を，次に，その内
　　　　容に関するドイツ語の質問を3つ放送し，最も適したもの
　　　　を選択肢から選ばせる問題。

第3部　まず，ドイツ語の短い会話を3つ放送し，それぞれの会話
　　　　の状況として最も適したものを選択肢から選ばせる問題。

注記 ─────

　聞き取りが**苦手な人**への助言です。

　まず，話されるドイツ語を**一語一語すべて聞き取る**ことは**不可能**だということです (そうですよね)。次に，第1章 (24頁以降) で述べたように，文中で**強調して発音される語**は文中で**重要な情報**を担うものであるということです。

　したがって，聞き取り試験に対する助言は，「一語一語すべてを聞き取ることは不可能で，他方，重要な語句は強く発音されるのですから，すべての語句を聞き取ろうとせず，文中で強く発音される語句に最大の注意を払え」ということになります。聞き取りで問題になるのは，ドイツ語の一語一語が聞き取れたかどうかでなく，放送されたドイツ語の**内容が理解できたかどうか**なのですから。

第4週 6日目

27日目 聞き取り試験

月　　日

 下の説明を読み，放送されるドイツ語を聞いて設問に答えなさい。試験時間は約 20 分です。メモは自由にとってかまいません。

第1部　Erster Teil

1. 第1部は，問題 (1) から (4) まであります。
2. まず，問題 (1) から (3) ではドイツ語の短い文章を二回放送します。
3. それを聞いて，その文章の内容を表すのに最も適した絵をそれぞれ 1〜4 のうちから一つ選び，その番号を次頁の解答欄に記入してください。
4. 次に，問題 (4) でもドイツ語の短い文章を二回放送しますので，数字を聞き取り，その答えを算用数字で次頁の解答欄に記入してください。
5. 最後に，問題 (1) から (4) までをもう一度通して放送します。

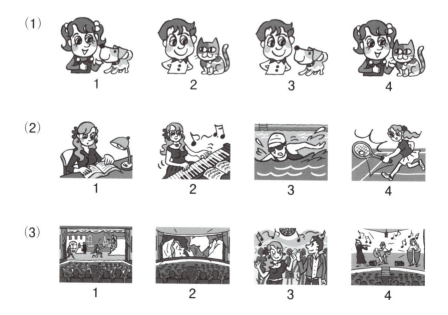

（4） Wie alt ist Ihr Sohn? — Er ist erst ☐ Jahre alt.

解答欄 （1）☐ （2）☐ （3）☐ （4）☐

解説と解答 （発音表記は省略）

問題（1）の放送された文章は以下のものです。

Das sind mein Sohn und sein Hund. Er liebt den Hund sehr.

これは私の息子と彼の犬です。彼はその犬をとても可愛がっています。

Das sind ... は「これは…である」と，人や事物を紹介的に取り上げる時の決まり文句（紹介されるものが単数の場合は Das ist ...）。mein は「私の」（所有冠詞，→ 83 頁），**Sohn** *der* は「息子」，und は「そして」（接続詞，→ 65 頁），sein は「彼の」（所有冠詞，→ 83 頁），**Hund** *der* は「犬」。lieben は「可愛がる」，sehr は「とても」。最も適した絵は息子と犬の 3。したがって，正解は 3。

問題（2）の放送された文章は以下のものです。

Sie übt jeden Tag sehr fleißig Klavier. Sie studiert Musik.

彼女は毎日とても熱心にピアノの練習をします。彼女は音楽を専攻しています。

üben は「練習する」，jeden Tag は「毎日」（4 格の熟語），sehr は「とても」，fleißig は「熱心に」，**Klavier** *das* は「ピアノ」。studieren は「大学で学ぶ；専攻する」，Musik *die* は「音楽」。最も適した絵は女性がピアノを弾いている 2。したがって，正解は 2。

問題（3）の放送された文章は以下のものです。

Hans hat eine Freundin. Am Wochenende gehen sie oft in die Disco.

ハンスはガールフレンドがいます。週末，彼らはしばしばディスコに行きます。

Hans は男名，haben は「持っている」，Freundin *die* は「ガールフレンド」，am Wochenende は「週末に」（前置詞句，→ 100 頁）。gehen は「行く」，oft は「しばしば」，in は「…の中」（前置詞，→ 98 頁），**Disco** *die* は「ディスコ」。最も適した絵は人がディスコで踊っている 3。したがって，正解は 3。

問題(4)の放送された文章は以下のものです。

Wie alt ist Ihr Sohn? — Er ist erst acht **Jahre alt.**

あなたの息子さんは何歳ですか？ — やっと 8 歳になったところです。

Wie alt ist ..? は年齢を尋ねる決まり文句。答えは，「数字 + Jahre alt」という形で答えます。読まれた数字は **acht**（「8」）。したがって，正解は 8。

第 2 部　Zweiter Teil

1.　第 2 部は，問題(5)から(7)まであります。
2.　まずドイツ語の文章を放送します。次にその文章についての質問を問題(5)〜(7)として放送します。二回読みます。
3.　それを聞いたうえで，それぞれの問題の選択肢 1〜3 のうちから質問の答えとして最も適したものを選び，その番号を解答欄に記入してください。
4.　文章と質問は，合計三回放送します。

(5)　1　In Köln.　　　2　In Wien.　　　3　In Tokio.

(6)　1　Medizin.　　　2　Musik.　　　3　Japanisch.

(7)　1　Hans　　　　2　Heike　　　　3　Jan

解答欄　(5) ☐　(6) ☐　(7) ☐

解説と解答（発音表記は省略）

　まず，放送された文章とその訳を，次に，放送された質問とその訳と正解を挙げます。

《放送された文章(a から f まで)と訳》

　　a)　Hans ist mein deutscher Freund.　　　　ハンスは私のドイツ人の友達です。

　　b)　Er arbeitet jetzt in Tokio.　　　　彼は今，東京で働いています。

c) Sein Bruder heißt Jan und studiert in Köln Medizin.

彼の弟〈兄〉はヤンという名前で，ケルンで医学を専攻しています。

d) Seine Schwester heißt Heike und studiert in Wien Musik.

彼の妹〈姉〉はハイケという名前で，ウィーンで音楽を専攻しています。

e) Sie kommt auch bald nach Japan.

彼女も間もなく日本に来ます。

f) Sie hat Interesse an Japan und lernt Japanisch.

彼女は日本に興味を持っていて，日本語を学んでいます。

単語

mein 私の（所有冠詞，→83頁）　deutscher ドイツの（格語尾の付いた形容詞）　Freund *der* 友達　arbeiten 働く　jetzt 今　in …の中（前置詞，→98頁）　Tokio 東京（都市名）　sein / seine 彼の（所有冠詞）　Bruder *der* 弟〈兄〉　heißen …という名前である　Jan ヤン（男名）　und そして（接続詞，→65頁）　Köln ケルン（都市名）　Medizin *die* 医学　Schwester *die* 妹〈姉〉　Heike ハイケ（女名）　Wien ウィーン（都市名）　Musik *die* 音楽　kommen 来る　auch …も　bald まもなく　nach …へ（前置詞）　Japan 日本（国名）　hat（< haben 持っている）　Interesse *das* 興味　an …に対して（前置詞）　lernen 学ぶ　Japanisch *das* 日本語

《放送された質問と訳と正解》

問題(**5**)の放送された質問文は，以下のものです。

Wo arbeitet Hans?　ハンスはどこで働いていますか？

wo は「どこ？」（疑問詞，→96頁），arbeiten は「働く」。

選択肢の 1 は「ケルンで」，2 は「ウィーンで」，3 は「東京で」。in は「…の中」（前置詞，→98頁）。上掲の放送文の **b)** に基づき，正解は 3。

問題(**6**)の放送された質問文は，以下のものです。

Was studiert Jan?　ヤンは何を専攻していますか？

was は「何を」（疑問詞），studieren は「大学で学ぶ」。

選択肢の 1 は「医学」，2 は「音楽」，3 は「日本語」。上掲の放送文の **c)** に基づき，正解は 1。

問題(7)の放送された質問文は，以下のものです。

Wer hat Interesse an Japan? 誰が日本に興味を持っていますか？

wer は「誰が」（疑問詞），hat（< haben 持っている），Interesse *das*「興味」。
選択肢の1はハンス，2はハイケ，3はヤン。上掲の放送文の **f)** に基づき，正
解は2。

第3部　Dritter Teil

1. 第3部は，問題(8)から(10)まであります。
2. それぞれの問題で，まずドイツ語の短い会話を続けて二回放送します。
   それを聞いて，その会話の状況として最も適したものを下の選択肢1〜3
   のうちから選び，その番号を解答欄に記入してください。
3. 同じ要領で問題(8)から(10)まで順次進みます。
4. 最後に，もう一度通して問題(8)から(10)までを放送します。そのあと，
   およそ1分後に試験終了のアナウンスがあります。

　1　週末の予定について話している。
　2　買い物について話している。
　3　教会への行き方について話している。

解答欄　(8) ☐　(9) ☐　(10) ☐

解説と解答（発音表記は省略）
　まず，放送された文章とその訳を，次に，正解をあげます。

問題(8)の放送文は，以下のものです。

A：**Entschuldigung, wie komme ich zur St. Marienkirche?**
　　すみません，聖マリア教会にはどう行ったらよいのでしょうか？

B：**Diese Straße geradeaus, an der Kreuzung rechts.**
　　この道をまっすぐに，交差点で右に。

Dann sehen Sie die Kirche.

そうすれば，その教会が見えます。

A： **Danke schön.** ありがとうございます。

この放送文は，教会への行き方を尋ねているものなので，正解は 3。

単語

Entschuldigung *die* 許し　wie どのように(疑問詞，→96頁)　kommen 来る，至る　zur (「…へ」，前置詞と定冠詞の融合形，→100頁)　St. 聖…(Sankt の略語)　Marienkirche *die* マリア教会　diese この(冠詞の一種，→84頁)　Straße *die* 通り　geradeaus まっすぐ　an …のところで(前置詞，→98頁)　Kreuzung *die* 交差点　rechts 右に　dann そうすると　sehen 見る　Kirche *die* 教会　Danke schön! ありがとうございます

問題(**9**)の放送された文は，以下のものです。

A： **Hallo, Hanna, was machst du am Wochenende?**

やあ，ハンナ，週末に何をするの？

B： **Hallo, Kai, ich gehe mit Eriko ins Kino.**

はーい，カイ，エリコと映画を観に行くの。

Kommst du auch?

あなたも来る？

A： **Ja, sehr gern.** うん，喜んで。

この放送文は，Kai が Hanna に週末に何をするのか尋ね，Hanna が Kai に，Eriko と映画に行くが，一緒に行かないかと尋ねているので，正解は 1。

単語

hallo やあ，はーい　Hanna ハンナ(女名)　was 何を(疑問詞)　machen …をする　am (「…に」，前置詞と定冠詞の融合形)　Wochenende *das* 週末　gehen 行く　mit …といっしょに(前置詞)　ins (「…の中に」，前置詞 in と定冠詞 das の融合形)　Kino *das* 映画　kommen 来る　auch …も　ja はい　sehr とても　gern 喜んで

問題(10)の放送された文は，以下のものです．

A: **Wie findest du den Mantel hier?** このコートはどう思う？
　　Er ist sehr elegant. とてもエレガントよ．

B: **Ja, aber er ist auch sehr teuer.** うん，でもとても高いな．

A: **Wie findest du dann diesen hier?** なら，こちらのはどう思う？

この放送文は，どのコートを買うかについて話をしているので，正解は 2．なお，2 行目，3 行目の er は男性名詞の Mantel を受けています（→ 92 頁）．

単語

wie どのように（疑問詞）　finden …と思う　Mantel *der* コート　hier ここ（前の名詞を修飾）　sehr とても　elegant エレガント　ja はい　aber しかし（接続詞，→ 65 頁）　auch 実際また　teuer 高価な　dann では　diesen（= diesen Mantel「このコートを」の名詞を省略したもの）

　第 1 部の(1)から(3)までは，選択肢が**イラスト**の形で与えられ，(4)では，**数字**を入れる空欄があるドイツ語文が示されます．
前者の場合，まず，イラストを見比べ，**対立する語句**を予想し，放送されるドイツ語を聴くのがよいと思います．例えば，(1)なら，男の子か女の子か，そして犬か猫か，(2)なら，ピアノの演奏か，読書か，水泳か，テニスか，(3)なら，ディスコか，映画か，演劇か，コンサートかなどのように．
　(4)の場合は，1 から 9 までのどの数字が読まれるかをひたすら待っていればよいと思います．
　第 2 部では，選択肢が**ドイツ語で**与えられます．この場合も，対立する語句をしっかり確認し，それらのどの語句が読まれるかに神経を集中しながら，放送文を聴くとよいと思います．
　第 3 部は，**会話の状況**と合致する選択肢を選ばせるものです．したがって，まず与えられた選択肢を対比的に確認しながら，放送文で使われるであろうドイツ語を予測することが最も合理的でしょうね．上例で言えば，「教会 Kirche」，「週末 Wochenende」，「買い物（買う品物？）」など．放送文でこれらの語句が使われるならば，その選択肢が正解になります．
　もちろんヒアリングに強くなる「王道」は，当然，ドイツ語の音に慣れることです．本書の CD には，聞き取り問題だけではなく，その他の設問のドイツ語もネイティブに吹き込んでもらっておりますので，それも利用して，ヒアリング力の向上をはかってください．

第8章

総仕上げ（模擬テスト）

　独検5級の本番の出題形式にならった模擬テストです。筆記試験（40分；素点78点）と聞き取り試験（20分；素点30点）から成ります。

　本書の3頁でも書きましたように，独検5級の合格最低点は，100点満点換算で，2016年度夏期は **75.00**，冬期は **61.11** でした。このような変動が生じるのは，試験問題の難易度がその都度少しずつ異なるためでしょうが，この模擬テストの場合は，100点満点換算で 65点 以上を目指しましょう。なお，解答用紙としては153頁のものを使ってください。各問の配点もそこに記載してあります。また，聞き取り試験の放送文は「別冊解答集」の20頁にあります。

　模擬テストはあくまで模擬テストなので，一度挑戦してみて，合格点になったら素直に喜んでくださってもよいですが，合格点に届かなかった場合もあまり気にせず，第1章から第7章までを，時間の許す限り，何度も何度も見直してください。語学の場合，どれだけ「多く」学んだかも当然，重要ですが，それらをどれほど「深く」「確実に」学んだかの方がもっと重要なのです。

　「百人一首」は，最初の一文字，あるいは数文字を聞いただけで当該の札を取ることができるようになれるそうです。みなさんも，設問の最初の単語を見ただけで，正解が選べるようになれば，素晴らしいですね。では，そうなるにはどうしたら良いのか？答えは ― 本書の設問に，「百人一首」のように，すべて瞬時に解答できるようになることでしょうか？頑張りましょう！

第 4 週 7 日目

28 日目　模擬テスト

月　　日

A 《筆記試験問題》

大問 1 から大問 8 まであります。各説明をしっかり読み，設問に答えなさい。試験時間は **40 分**です。

69

1 次の文で空欄（a）〜（d）の中に入れるのに最も適切な動詞の形を，下の 1〜3 のうちから選び，その番号を<u>解答用紙の所定の欄</u>に記入しなさい。

Sabine （　a　） aus Berlin und （　b　） Pianistin. Sie （　c　） schon gut Japanisch. Wir （　d　） oft zusammen ins Konzert.

（a）　1　kommen　　　　2　kommt　　　　3　kommst

（b）　1　sind　　　　　2　bist　　　　　3　ist

（c）　1　spricht　　　　2　sprecht　　　　3　sprichst

（d）　1　gehen　　　　　2　geht　　　　　3　gehe

2 次の（1）〜（3）の文で（　　）の中に入れるのに最も適切なものを，下の 1〜4 のうちから選び，その番号を<u>解答用紙の所定の欄</u>に記入しなさい。

（1）　Wir haben einen Hund. （　　） Hund heißt Aiko.

　　　1　Die　　　　2　Der　　　　3　Das　　　　4　Den

（2）　Wie findest du den Hut? — Ich finde （　　） sehr schick.

　　　1　er　　　　2　es　　　　3　sie　　　　4　ihn

（3）　Kennen Sie （　　） Onkel? — Ja, ich kenne ihn.

　　　1　mein　　　　2　meine　　　　3　meiner　　　　4　meinen

144

3 次の (A) ～ (C) に挙げられた単語のうち，例にならって一つだけ他と異なるものを，下の **1**～**4** のうちから選び，その番号を解答用紙の所定の欄に記入しなさい。ただし，名詞の文法上の性の区別は関係ありません。

例) **1** Buch　　**2** Apfel　　**3** Brot　　**4** Fleisch
1 の Buch（本）だけ食べ物ではないので他と異なります。

(A) **1** Zug　　　　**2** Auto　　　　**3** Schiff　　　**4** Garage

(B) **1** Arzt　　　　**2** Schwester　**3** Polizist　　**4** Lehrer

(C) **1** sofort　　　**2** bald　　　　**3** gern　　　　**4** gleich

4 次の (1)～(4) の条件にあてはまるものが各組に一つずつあります。それを下の **1**～**4** のうちから選び，その番号を解答用紙の所定の欄に記入しなさい。

(1) 下線部の発音が他と異なる。

　　1 Bür<u>g</u>er　　**2** Bur<u>g</u>　　　**3** <u>G</u>arten　　**4** <u>G</u>ruppe

(2) 下線部にアクセント（強勢）がない。

　　1 Pr<u>o</u>blem　　**2** Ber<u>u</u>f　　　**3** P<u>e</u>rson　　**4** <u>E</u>nde

(3) 下線部を短く発音する。

　　1 fr<u>o</u>h　　　**2** <u>o</u>ben　　　**3** n<u>o</u>rmal　　**4** gr<u>o</u>ß

(4) 問い **A** に対する答え **B** の下線部中で，通常最も強調して発音される。

　　A：Wo essen wir heute?
　　B：Heute essen <u>wir in der Mensa</u>. O.K.?

　　1 wir　　　　**2** in　　　　**3** der　　　　**4** Mensa

5 (A)～(C)の会話が行われている場面として最も適切なものを，下の1～4のうちから選び，その番号を解答用紙の所定の欄に記入しなさい。

(A) **A**：Haben Sie noch ein Zimmer frei?
　　B：Ja. Wie lange möchten Sie bleiben?
　　A：Zwei Nächte, bitte.

(B) **A**：Müller. Hallo?
　　B：Hier spricht Hans. Ist Anke da?
　　A：Einen Moment, bitte!

(C) **A**：Entschuldigung, wo ist die nächste Bank?
　　B：Die Bank ist da neben dem Kaufhaus.
　　A：Danke sehr.

1 映画館　　　　　　　　　2 電話
3 道案内　　　　　　　　　4 ホテル

6 次の文章は，Hans と Jan と喫茶店の Kellnerin の会話です。この会話を完成するために，日本語になっている箇所 A～D にあてはまる最も適切なドイツ語を，下の 1～3 のうちから選び，その番号を解答用紙の所定の欄に記入しなさい。

Kellnerin ： Guten Tag!（A 何になさいますか？）

Hans ： Ich möchte ein Glas Bier.

Kellnerin ： Möchten Sie（B 他にまだ何か）?

Hans ： Nein, ich habe jetzt（C お腹が空いていません）.

Kellnerin ： Und Sie?

Jan ： Ich möchte gerne（D コーヒー一杯と，それにチーズケーキを一つ）.

A 1 Bitte schön?
2 Wie geht es Ihnen?
3 Was suchen Sie?

B 1 sonst nichts
2 etwas anderes
3 sonst noch etwas

C 1 kein Problem
2 kein Geld
3 keinen Hunger

D 1 einen Kaffee und dazu ein Stück Schokoladenkuchen
2 einen Kaffee und dazu ein Stück Käsekuchen
3 einen Tee und dazu ein Stück Käsekuchen

7 以下は，Kan 君と Kaoru さんの夏の旅行計画について書かれたものです。この文章の内容に合うものを，下の**1～4**のうちから二つ選び，その番号を解答用紙の所定の欄に記入しなさい。ただし，番号の順序は問いません。

Im Sommer reisen Kan und Kaoru nach Europa. Kan fliegt nach Deutschland, aber Kaoru fliegt nach Österreich.

Kan besucht Berlin. In Berlin besucht er zuerst den Alexanderplatz. Danach besucht er das Brandenburger Tor.

Kaoru besucht Wien. In Wien besucht sie zuerst die Staatsoper. Danach besucht sie das Café im Hotel Sacher. Sie isst gern die Torte dieses Cafés, die Sachertorte.

1 Kan はドイツに，Kaoru はオーストラリアに行く。
2 Kan はアレクサンダー広場を最初に訪れる。
3 Kaoru はホテル・ザッハーを最初に訪れる。
4 Kaoru はホテル・ザッハーのザッハトルテが好物である。

8 以下は，インターネット通信販売のカタログの一部です。表示の内容と一致するものを，下の**1**〜**8**のうちから三つ選び，その番号を解答用紙の所定の欄に記入しなさい。ただし，番号の順序は問いません。(2016年度夏期)

T-Shirt für Kinder
Preis: ~~EUR 7,99~~ **EUR 4,99**
Modellnummer: 79 506 32 2517
100% Baumwolle
Größe: 94, 98, 104, 110, 116
Farbe: gelb, weiß

Rock für Damen
Preis: ~~EUR 39,90~~ **EUR 34,90**
Modellnummer: 75 338 21 3750
100% Polyester
Größe: 34, 36, 38, 40, 42
Farbe: rosa, orange

Jacke für Herren
Preis: ~~EUR 69,90~~ **EUR 64,90**
Modellnummer: 73 945 22 4873
54% Baumwolle, 46% Polyester
Größe: S, M, L, XL, XXL
Farbe: schwarz, blau, grau

1 Tシャツはおとな用である。
2 Tシャツには黄色のものもある。
3 Tシャツは定価より4ユーロ安くなっている。
4 スカートは34歳から42歳向け限定の商品である。
5 スカートの素材はポリエステルである。
6 スカートを注文したいときは，75 338 21 3750 に電話する。
7 ジャケットの素材は綿100%である。
8 ジャケットの色には，黒，青，グレーがある。

B 《聞き取り試験問題》

聞き取り試験は3部から成り立っています。それぞれの部での解答の仕方に関する説明を読み，放送されるドイツ語を聞いて設問に答えなさい。試験時間は**約20分**です。（放送文は「別冊解答集」19頁に記載してあります。）

―――― 第1部　Erster Teil ――――

1. 第1部は，問題(1)から(4)まであります。
2. まずドイツ語の短い文章を二回放送します。
3. それを聞いて，その文章の内容を表すのに最も適した絵をそれぞれ1～4のうちから一つ選び，その番号を解答用紙の所定の欄に記入してください。
4. 以下，同じ要領で問題(2)，(3)と進みます。
5. 次に，問題(4)では□に入る数字を聞き取り，その答えを算用数字で解答用紙の所定の欄に記入してください。
6. 最後に，問題(1)から(4)までをもう一度通して放送します。
7. メモは自由にとってかまいません。

(1)

(2)

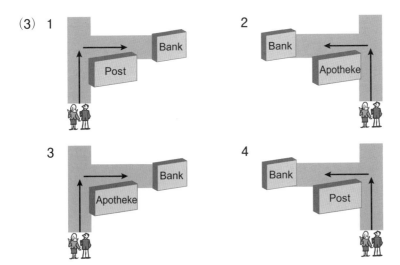

(4) Wie spät ist es jetzt? — Es ist gleich ☐ Uhr.

第2部　Zweiter Teil

1. 第2部は，問題(5)から(7)まであります。
2. まずドイツ語の文章を放送します。次にその文章についての質問として，問題(5)〜(7)を放送します。二回読みます。
3. それを聞いた上で，それぞれの問いの選択肢1〜3のうちから質問の答えとして最も適したものを選び，その番号を解答用紙の所定の欄に記入してください。
4. 文章と質問は，合計三回放送します。
5. メモは自由にとってかまいません。

---

(5)　1　In Rom.　　2　In Wien.　　3　In Paris.

(6)　1　Aus Rom.　　2　Aus Wien.　　3　Aus Paris.

(7)　1　Essen.　　2　Kochen.　　3　Lernen.

第3部　Dritter Teil

1. 第3部は問題(8)から(10)まであります。

2. まずドイツ語の短い会話を続けて二回放送します。それを聞いて、その会話の状況として最も適したものを下の1～3のうちから選び、その番号を解答用紙の所定の欄に記入してください。

3. 以下、同じ要領で問題(10)まで順次進みます。

4. 最後に、問題(8)から(10)までをもう一度通して放送します。そのあと、およそ1分後に試験終了のアナウンスがあります。

5. メモは自由にとってかまいません。

1　乗り物について説明している。

2　自己紹介をしている。

3　ウエートレスが注文を尋ねている。

(8)

(9)

(10)

解答用紙

A　筆記試験　　（各問すべて 3 点；78 点満点（3 点 × 26））

1 (a) _____　(b) _____　(c) _____　(d) _____

2 (1) _____　(2) _____　(3) _____

3 (A) _____　(B) _____　(C) _____

4 (1) _____　(2) _____　(3) _____　(4) _____

5 (A) _____　(B) _____　(C) _____

6 (A) _____　(B) _____　(C) _____　(D) _____

7 _____　_____　（番号の順序は問いません）

8 _____　_____　_____　（番号の順序は問いません）

B　聞き取り試験　　（各問すべて 3 点；30 点満点（3 点 × 10））

【第 1 部】

(1) _____　(2) _____　(3) _____

(4) Wie spät ist es jetzt? — Es ist gleich _____ Uhr.

【第 2 部】

(5) _____　(6) _____　(7) _____

【第 3 部】

(8) _____　(9) _____　(10) _____

あとがき

　本書は，2011 年に刊行した「独検合格 4 週間《5 級》」の改訂版です。今回，私たちが苦労したのが「対策本」作成のスタンスです。

　対策本の場合，過去問の解説という点に重点を置くため，文法の体系的な説明がおろそかになります。もちろん，検定試験の場合，「合格」することが第一の目標でしょうが，著者としては，みなさんに自信を持って，堂々と合格してもらいたいのです。そんな想いから，ノウハウ的対策のみならず，みなさんが少しでも体系的にドイツ語を学べるよう，つづりの読み方から文法へと進む構成にし，また未だ出題問題になったことのない文法事項にも，新たに頁を設けるなどもしてみました（「文法上の性」,「複数形」,「前置詞」など）。

　独検を受験するみなさんがあっての対策本です。したがって，今回の手直しがみなさんの受験に本当にプラスになるのかどうかが一番気がかりなのですが…と書いたところで，作家の佐藤愛子氏の『本が売れて，何がめでたい』（朝日新聞 2017 年 8 月 14 日）という記事を読みました。
　『私は売れるために小説を書くということを考えたこともありません。表現したいことを小説やエッセーに書きたい，ただそれだけなのです。私の言いたいことを，考えたことをくみとってくれる読者に会えたらそれはうれしいですが，会えなくたって構わないのです。本が売れて，何がめでたい』

　本当にそうでしょうか？独検対策本の場合も，書きたいことを書くだけで十分なのでしょうか？私たちは，本書を手に取り，独検受験者の，少しでも多くの方から，やはり，「役立った！」と思ってもらいたいと思います。対策本を必要としている独検受験者がいなければ，— 仮に今，私たちが無人島で暮らしているならば —，本書を書くなんていう気に到底なりませんね。本書が売れれば，そして独検受験者のみなさんの少しでもお役に立てるならば，これに勝る「めでたさ」はありません。今回，本書を手に取ってくださったみなさんには，心から，独検受験に向けての頑張りと合格を祈ります。

みなさん，ファイト！

著 者

在間　進
　　東京外国語大学名誉教授
亀ヶ谷昌秀
　　慶應義塾大学理工学部講師

独検合格 4 週間 neu
《5 級》

2018 年 2 月 15 日　初版発行
2022 年 2 月 28 日　5 版発行

著 者　在　間　　　進
　　　　亀ヶ谷　昌　秀

発行者　柏　倉　健　介
印刷所　幸和印刷株式会社
〒113-0033 東京都文京区本郷 5-30-21
Tel. 03-3814-5571 振替 00170-9-452287

発行所　㈱ 郁 文 堂

落丁・乱丁本はお取り替えいたします。

Printed in Japan
ISBN978-4-261-07351-5

本書のコピー，スキャン，デジタル化等の無断複製は著作権法上での例外を除き禁じられています。本書を代行業者等の第三者に依頼してスキャンやデジタル化することは，たとえ個人や家庭内での利用であっても著作権法上一切認められておりません。

好評 ドイツ語参考書

文法解説書

リファレンス・ドイツ語
―ドイツ語文法の「すべて」がわかる―

在間　進 著　　2色刷・A5変型判
308頁・本体1,800円＋税

独検対応

★初級‐中級ドイツ語学習者のための最強文法事典
★2色で見やすく、わかりやすく詳細な解説

好評 単語集

新・独検合格 単語＋熟語 1800

在間　進／亀ヶ谷昌秀　共著
CD2枚付・2色刷・A5変型判
272頁・本体2,300円＋税

独検対応

★超基礎（5級）〜4・3・2級レベルに対応
★シンプルで覚えやすい例文と見やすいレイアウト

独検合格シリーズ

★最新の過去問題を分析し対策をアドバイス
★CDで聞き取り対策もしっかり行います

在間　進
亀ヶ谷昌秀　共著

5〜2級 全てCD付・2色刷・A5判
5〜2級まで、弊社HPより音声ダウンロード（無料）が可能になりました！

独検合格4週間 neu《5級》　160頁　別冊解答集付　本体1,900円＋税
独検合格4週間 neu《4級》　162頁　別冊解答集付　本体2,200円＋税
独検合格4週間 neu《3級》　233頁　別冊解答集付　本体2,300円＋税
独検合格4週間　　　《2級》　181頁　別冊解答集付　本体2,300円＋税

独学に最適の学習書

CD付
独学でもよくわかるやさしくくわしいドイツ語

清水　薫／石原竹彦　共著
CD付・ホームページから音声無料ダウンロード
2色刷・B5判・184頁・本体2,400円＋税

★完全書き込み式ドイツ語トレーニングブック
★文法説明と練習問題が見開きで完結
★使いやすい別冊解答

独検合格４週間 neu《５級》

ノイ

別冊　解答集

実戦トレーニング -- 2
総仕上げ（模擬テスト）-------------------------------- 16

在間　進／亀ヶ谷昌秀　共著

第三書房

A 単語編

第1章 音声

12頁（発音（つづりの読み方）） ————————————

(1) 正解 **3 Museum**［ムゼーウム］

　（［オイ］でない特殊な読み方）

　Euro［**オイ**ロ］／Freund［フ**ロイ**ント］／Leute［**ロイ**テ］

(2) 正解 **2 Familie**［ファミーリエ］

　（［イー］でない特殊な読み方）

　Papier［パ**ピー**ア］／Bier［**ビー**ア］／Liebe［**リー**ベ］

(3) 正解 **1 Student**［シュトゥデント］

　（母音の前のd）

　Hand［ハン**ト**］／Erdbeben［エー**ア**トベーベン］／Stadt［シュタッ**ト**］

(4) 正解 **2 Weg**［ヴェーク］

　（語末のg）

　Geld［ゲル**ト**］／Glas［グラー**ス**］／Frage［フラー**ゲ**］

(5) 正解 **4 Sohn**［ゾーン］

　（母音の前のs）

　Haus［ハオ**ス**］／Wasser［ヴァッ**サー**］／Fuß［フー**ス**］

(6) 正解 **1 Universität**［ウニヴェルズィテート］

　（［フ］でないv；Vase［**ヴァ**ーゼ］）

　Vater［**ファ**ーター］／viel［**フィ**ール］／Vogel［**フォ**ーゲル］

(7) 正解 **3 Milch**［ミルヒ］

　（子音の後のch；ich［イッ**ヒ**］）

　auch［アオ**ホ**］／Nacht［ナ**ハ**ト］／besuchen［ベズー**ヘ**ン］

16頁（アクセント（強勢）の位置） ————————————

(1) 正解 **1 Onkel**［オンケル］

　（第1音節が原則）

　Benzin［ベン**ツィー**ン］／Banane［バ**ナー**ネ］／Gemüse［ゲ**ミュー**ゼ］

(2) 正解 **4 Gesicht**［ゲズィヒト］

　（前つづりge-）

　Abend［**アー**ベント］／Apfel［**アッ**プフェル］／Morgen［**モル**ゲン］

(3) 正解 **2 Student**［シュトゥデント］

　（外来語）

　Sprache［シュプ**ラー**ヘ］／Schule［**シュー**レ］／Sonntag［**ゾン**ターク］

2

(4) 正解　**4**　**Problem**［プロブレーム］
　　　（外来語）
　　　Kuchen［クーヘン］／Tennis［テニス］／Lehrer［レーラー］
(5) 正解　**3**　**Hotel**［ホテル］
　　　（外来語）
　　　Antwort［アントヴォルト］／Name［ナーメ］／Januar［ヤヌアール］
(6) 正解　**2**　**Restaurant**［レストラーン］
　　　（外来語）
　　　Wohnung［ヴォーヌング］／Arbeit［アルバイト］／Disco［ディスコ］
(7) 正解　**1**　**studieren**［シュトゥディーレン］
　　　（語末が -ieren の動詞）
　　　lesen［レーゼン］／finden［フィンデン］／lächeln［レッヒェルン］

20頁（母音の長短(1) ― 基本原則）

(1) 正解　**3**　**Vater**［ファーター］
　　　（母音の後ろの子音字が一つ）
　　　Mutter［ムッター］, Onkel［オンケル］, Tante［タンテ］
(2) 正解　**4**　**Hand**［ハント］
　　　（母音の後ろの子音字が二つ）
　　　Hügel［ヒューゲル］, Hut［フート］, Hose［ホーゼ］
(3) 正解　**1**　**Ball**［バル］
　　　（母音の後ろに同じ子音字が二つ）
　　　Blume［ブルーメ］, Tür［テューア］, Foto［フォート］
(4) 正解　**2**　**Buch**［ブーフ］
　　　（前の母音が長い単語）
　　　Nacht［ナハト］, Woche［ヴォッヘ］, Küche［キュッヒェ］
(5) 正解　**3**　**Obst**［オープスト］
　　　（後ろの子音字が複数ある例外）
　　　Sport［シュポルト］, Samstag［ザムスターク］, Wurst［ヴルスト］
(6) 正解　**4**　**sprechen**［シュプレッヒェン］
　　　（前の母音が短い単語）
　　　geben［ゲーベン］, leben［レーベン］, suchen［ズーヘン］
(7) 正解　**1**　**gut**［グート］
　　　（後ろの子音字が一つ）
　　　alt［アルト］, lang［ラング］, schnell［シュネル］

3

23 頁（母音の長短（2）― 細則）

(1) 正解　**4　Zoo**［ツォー］
　　（母音字の連続）
　　offen［オッフェン］，Park［パルク］，Hotel［ホテル］

(2) 正解　**4　grüßen**［グリューセン］
　　（ß の前の母音）
　　essen［エッセン］，Post［ポスト］，System［ズュステーム］

(3) 正解　**2　Uhr**［ウーア］
　　（h の前の母音）
　　Hund［フント］，kochen［コッヘン］，Alkohol［アルコホール］

(4) 正解　**1　Bier**［ビーア］
　　（外来語でなければ，ie は［イー］）
　　Reise［ライゼ］，Patient［パツィエント］，Familie［ファミーリエ］

(5) 正解　**1　Klasse**［クラッセ］
　　（ss の前の母音）
　　Fuß［フース］，Glas［グラース］，Saal［ザール］

(6) 正解　**3　Hunger**［フンガー］
　　（aa や ß／h の前の母音は長い）
　　Haar［ハール］，Größe［グレーセ］，Lehrer［レーラー］

(7) 正解　**3　Japaner**［ヤパーナー］
　　（外来語；Japan は［ヤーパン］）
　　gehen［ゲーエン］，geben［ゲーベン］，viel［フィール］

26 頁（文アクセント（1）― 補足疑問文の場合）

(1) 正解　**1　Ich**　　A：誰が夕食を料理するのですか？
　　　　　　　　　　　B：私が夕食を料理します。

(2) 正解　**4　Eis**　　A：君は何が欲しいのですか？
　　　　　　　　　　　B：アイスクリームが欲しいです。

(3) 正解　**4　Osaka**　A：君は今どこで働いているの？
　　　　　　　　　　　B：今，私は大阪で働いています。

(4) 正解　**4　Italien**　A：あなたたちは夏，どこに行きますか？
　　　　　　　　　　　B：夏，私たちはイタリアに行きます。

(5) 正解　**2　morgen**　A：彼らはいつウィーンに行くのですか？
　　　　　　　　　　　B：彼らは明日ウィーンに行きます。

29 頁（文アクセント（2）— 決定疑問文の場合）

(1) 正解 **4** **Lehrer** A：あそこの男性は彼女のボーイフレンド？

B：いいえ，その男性は彼女の先生です。

(2) 正解 **4** **Tennis** A：あなたはサッカーをするのが好きですか？

B：いいえ。私はテニスをするのが好きです。

(3) 正解 **4** **Österreich** A：あなたはドイツから来られたのですか？

B：いいえ。オーストリアから来ました。

(4) 正解 **4** **Kino** A：君たちは明日ディスコに行くのですか？

B：いいえ，明日は映画に行きます。

(5) 正解 **1** **morgen** A：君はきょう時間がありますか？

B：きょうは，残念ながら，時間がありませんが，

明日ならあります。

第 2 章　意味

35 頁（語彙力）

(A) 正解 **4** **Katze** 猫

他は「乗り物」：Auto 自動車，Zug 列車，Bus バス

(B) 正解 **2** **Brot** パン

他は「生き物」：Hund 犬，Vogel 鳥，Fisch 魚

(C) 正解 **2** **Sonne** 太陽

他は「スポーツ」：Tennis テニス，Fußball サッカー，Ski スキー

(D) 正解 **1** **Hotel** ホテル

他は「食器」：Löffel スプーン，Messer ナイフ，Gabel フォーク

(E) 正解 **3** **Lehrer** 教師

他は「曜日」：Mittwoch 水曜日，Montag 月曜日，Sonnabend 土曜日

(F) 正解 **4** **trinken** 飲む

他は「移動を表す」：gehen 行く，kommen 来る，fliegen 飛ぶ

(G) 正解 **4** **schön** 美しい

他は「温度」：heiß 熱い，kalt 冷たい，warm 温かい

(H) 正解 **1** **süß** 甘い

他は「値段」：billig 安い，teuer 高価な，preiswert 買い得な

(I) 正解 **3** **wieder** 再び

他は「時間」：gestern 昨日，morgen 明日，heute きょう

5

B　文法編

第 3 章　動詞の現在人称変化

45 頁（規則変化動詞）
- (1)　正解　**1**　**hören**　　訳：私たちは音楽を聴くのが好きです。
- (2)　正解　**3**　**spiele**　　訳：私はきょうサッカーをします。
- (3)　正解　**1**　**Trinkst**　訳：君はワインを飲みますか？
- (4)　正解　**3**　**Lernt**　　訳：君たちは今英語を学んでいますか？
- (5)　正解　**2**　**studiert**　訳：彼はドイツの大学で学んでいます。

48 頁（主語が「人」を表す名詞の場合）
- (1)　正解　**3**　**kocht**　　　訳：ハンスは料理をするのが好きです。
- (2)　正解　**2**　**spielen**　　訳：ザビーネとフランクはきょうテニスをします。
- (3)　正解　**1**　**studiert**　　訳：私の兄〈弟〉は医学を専攻しています。
- (4)　正解　**3**　**studieren**　訳：私の息子と娘は大学に行っています。
- (5)　正解　**1**　**trinken**　　訳：ハンスとザビーネは何を飲みますか？

52 頁（口調上の e）
- (1)　正解　**1**　**arbeitet**　　訳：フランクは熱心に働きます。
- (2)　正解　**3**　**antwortet**　訳：マリアはいつもすぐ返事をくれます。
- (3)　正解　**1**　**heiraten**　　訳：マリアとフランクは明日結婚します。
- (4)　正解　**2**　**warte**　　　訳：私はここでもう長いこと待っています。
- (5)　正解　**3**　**badet**　　　訳：私の妻はお風呂に入るのがとても好きです。
- (6)　正解　**2**　**redest**　　　訳：君はしゃべり過ぎる。

55 頁（末尾が -s / -ß / -z/ -tz の動詞）
- (1)　正解　**1**　**heiße**　　　訳：私の名前はザビーネです。
- (2)　正解　**2**　**reist**　　　訳：サビーネは一人で旅行をするのが好きです。
- (3)　正解　**3**　**reisen**　　　訳：ザビーネとアンナはいつも一緒に旅行をします。
- (4)　正解　**1**　**sitzt**　　　　訳：私の先生が一人で公園のベンチに座っています。
- (5)　正解　**3**　**Tanzt**　　　訳：君はダンスが好きですか？

59 頁(不規則変化動詞)

(1)	正解	2	schläft	訳:赤ん坊はぐっすりと眠っています。
(2)	正解	3	Fährst	訳:君は明日ウィーンに行くのですか?
(3)	正解	1	trägt	訳:アンケは指に指輪をしています。
(4)	正解	2	spricht	訳:彼は英語とドイツ語を話します。
(5)	正解	2	liest	訳:私の父は新聞を読んでいます。
(6)	正解	3	Hilfst	訳:君は料理のときにお母さんの手助けをしますか?
(7)	正解	1	gibt	訳:先生はその女子学生に辞書をあげます。
(8)	正解	3	wird	訳:ハイケは先生になります。

63 頁(動詞 sein と haben)

(1)	正解	3	Hast	訳:君はお腹がすいていますか?
(2)	正解	2	Haben	訳:あなたは時間がありますか?
(3)	正解	1	habe	訳:私は喉が渇いています。
(4)	正解	3	ist	訳:フランクは学生です。
(5)	正解	2	Bist	訳:君は学生ですか?(女性の場合)
(6)	正解	2	Seid	訳:君たちは学生ですか?

66 頁(接続詞の後の動詞)

(1)	正解	1	geht	訳:マックスはビールを飲み,そして帰宅します。
(2)	正解	3	liest	訳:父は安楽椅子に座り,新聞を読んでいます。
(3)	正解	3	arbeitet	訳:彼女はもう寝ていますが,彼はまだ働いています。
(4)	正解	2	ist	訳:マックスはほんの少ししかお金を持っていませんが,彼は幸せです。

69 頁(実際の出題形式に慣れる)

(1)	(a)	正解	3	hat	訳:ハイケはきょう誕生日です。
	(b)	正解	1	singt	訳:彼女は歌うのが好きですが,
	(c)	正解	2	hört	訳:音楽を聴くのも好きです。
	(d)	正解	2	kaufe	訳:私は彼女のために iPod を買います。
(2)	(a)	正解	2	kommt	訳:マックスはオーストリア出身です。
	(b)	正解	3	wohnt	訳:彼は京都に住んでいて,
	(c)	正解	1	studiert	訳:音楽を専攻しています。
	(d)	正解	1	spielen	訳:私たちはいつも一緒にサッカーをします。

(3)	(a)	正解	1	Kennen	訳：あなたはドイツのことを知っていますか？
	(b)	正解	2	liegt	訳：ドイツは中央ヨーロッパに位置しています。
	(c)	正解	2	ist	訳：ドイツの首都はベルリンです。
	(d)	正解	3	arbeite	訳：私はルフトハンザで働いています。
(4)	(a)	正解	2	habe	訳：私はドイツ人の友人がいます。
	(b)	正解	2	heißt	訳：彼はヴェルナーという名前で,
	(c)	正解	1	lebt	訳：今，ケルンで暮らしています。
	(d)	正解	2	besuche	訳：この夏，私は彼を訪問します。
	(e)	正解	3	isst	訳：彼は喜んでお寿司を食べます。

71 頁（確認学習）

《テキスト 1》

君はピアノを弾きます。彼女もピアノを弾きます。君たちはよく一緒にピアノ
を弾きます。君たちは幸せです。

《テキスト 2》

マックスは音楽を聴くのが好きです。ハイケも音楽を聴くのが好きです。彼ら
はいつも一緒に音楽を聴きます。彼らも幸せです。

《テキスト 3》

私はいつも一人でピアノを弾きます。私はいつも一人で音楽を聴きます。しか
し私も幸せです。

《少し遊びましょう！》

Frau Schmidt tanzt sehr gern.（isst を選ぶと，余る選択肢ができます）
シュミットさんはダンスがとても好きです。

Hörst du gern Musik?	君は音楽を聴くのが好きですか？
Ich trinke gern Kaffee.	私はコーヒーが好きです。
Kocht Heike sehr gut?	ハイケは料理がとても上手ですか？
Stefan, was isst du gern?	シュテファン，食べ物は何が好きですか？

72 頁（確認学習）

《会話 1》

① heiße   ② heißen   ③ heiße   ④ komme   ⑤ wohnen   ⑥ Wohnen
⑦ studiere

8

Alex Bauer：こんにちは！私の名前はアレックス・バオアーです。
　　　　　　あなたのお名前は何と言うのですか？
Misa Tani ：私の名前はミサ・タニと言います。
　　　　　　日本からまいりました。
Alex Bauer：で，どこにお住まいですか？
　　　　　　ミュンヒェンにお住まいですか？
Misa Tani ：はい。私はここで大学に通っています。

《会話 2》

----

① heiße　　② heißt　　③ heiße　　④ kommst　　⑤ komme　　⑥ bin
⑦ Bist　　⑧ komme　　⑨ bin　　⑩ Studierst　　⑪ arbeite

Alex ：ハロー！僕の名前はアレックス。君は？
Misa ：ハロー！私の名前はミサ。
Alex ：どこから来たの？
Misa ：日本から。日本人です。あなたはドイツ人ですか？
Alex ：そう。ベルリン出身です。学生です。君も大学で勉強しているの？
Misa ：いいえ。私はここで働いています。

第4章　名詞，冠詞，人称代名詞，疑問詞
76 頁（文法上の性）

1 　(1)　正解　4　Freund　友人（男性名詞）　Tochter 娘　　（女性名詞）
　　　　　　　　　　　　　　　　　　　　　Frage 質問　（女性名詞）
　　　　　　　　　　　　　　　　　　　　　Tante おば　（女性名詞）
　　(2)　正解　2　Buch　　本　（中性名詞）　Vogel 鳥　　（男性名詞）
　　　　　　　　　　　　　　　　　　　　　Baum 木　　（男性名詞）
　　　　　　　　　　　　　　　　　　　　　Name 名前　（男性名詞）
　　(3)　正解　1　Hand　　手　（女性名詞）　Haus 家　　（中性名詞）
　　　　　　　　　　　　　　　　　　　　　Hotel ホテル（中性名詞）
　　　　　　　　　　　　　　　　　　　　　Auto 車　　（中性名詞）

2 　(1)　正解　Das（中性名詞の場合）
　　　　　　その子の名前はシュテファンと言います。
　　(2)　正解　Die（女性名詞の場合）
　　　　　　その猫の名前はハナコと言います。

(3)　正解　**Der**（男性名詞の場合）
その庭はとてもきれいです。

79頁（格（1格と4格）と定冠詞）

(1)　正解　**2　die**（Mutter は女性名詞，Sohn は男性名詞）
母親は息子を愛します。息子は母親を愛します。

(2)　正解　**2　die**（Tante は女性名詞，Kind は中性名詞）
おばはその子供を愛します。その子供はおばを愛します。
（「おばをその子供は…，その子供をおばは…」も可）

(3)　正解　**1　den**（Hund は男性名詞）
その犬はタローという名前です。私たちはその犬を愛しています。

(4)　正解　**2　die**（Katze は女性名詞）
その猫はハナコという名前です。私たちはその猫を愛しています。

(5)　正解　**1　den**（Garten は男性名詞）
私たちはその庭をとても美しいと思います。

(6)　正解　**3　das**（Buch は中性名詞）
その本は面白いです。私はその本を買います。

(7)　正解　**1　das**（Haus は中性名詞）
庭はとても大きいです。しかし家は小さいです。

82頁（格（1格と4格）と不定冠詞）

1　(1)　正解　**eine**　（女性1格）
あそこで猫が鳴いています。

(2)　正解　**ein**　（中性1格）
あそこで子供が泣いています。

(3)　正解　**einen**（男性4格）
私には兄〈弟〉が一人います。

(4)　正解　**eine**　（女性4格）
私には姉〈妹〉が一人います。

2　(1)　正解　**3　einen／Der**（男性名詞）
彼女はコートを買います。そのコートはとても素敵です。

(2)　正解　**1　eine／Die**　（女性名詞）
彼女はバッグを買います。そのバッグはとても素敵です。

(3)　正解　**1　ein／Das**　（中性名詞）
彼女はワンピースを買います。そのワンピースはとても素敵です。

10

85 頁(格(1格と4格)と所有冠詞)

- (1) 正解 **1** Mein （男性1格） 訳：私のおじはドイツに住んでいます。
- (2) 正解 **1** Mein （中性1格） 訳：私の車は壊れています。
- (3) 正解 **3** meine （女性4格） 訳：私のおばをご存じですか？
  — はい，存じております。
- (4) 正解 **2** mein （男性1格） 訳：これは私のコートです。
- (5) 正解 **1** Unser （男性1格） 訳：私たちの先生は病気です。
- (6) 正解 **3** unseren （男性4格） 訳：きょう私たちは先生を訪問します。

90 頁(人称代名詞の格形)

- (1) 正解 **2** Er （男性1格；Herr Bauer を受ける）
  訳：きょうバオアーさんが来ます。彼は私の先生です。
- (2) 正解 **4** Sie （女性1格；Frau Bauer を受ける）
  訳：きょうバオアーさんが来ます。彼は私の先生(女性)です。
- (3) 正解 **2** er （男性1格；Onkel を受ける）
  訳：私はおじがおります。きょうが誕生日です。
- (4) 正解 **3** sie （女性1格；Tante を受ける）
  訳：私はおばがおります。きょうが誕生日です。
- (5) 正解 **3** ihn （男性4格；Mann を受ける）
  訳：君はあそこの男性を知っていますか？
  — はい，知っています。
- (6) 正解 **1** sie （女性4格；Lehrerin を受ける）
  訳：君は君の先生(女性)のことをどう思いますか？
  — 親切だと思います。
- (7) 正解 **4** wir （1人称・複数；質問文の ihr に対応する）
  訳：君たちはここでドイツ語を学んでいるのですか？
  — はい，私たちはここでドイツ語を学んでいます。
- (8) 正解 **2** ihr （2人称・親称・複数；返答文の wir に対応し，定動詞 lernt
  の主語なので）
  訳：君たちは今何を学んでいるのですか？
  — 今私たちはドイツ語を学んでいます。

94 頁（3 人称の人称代名詞）

(1) 正解 **1** er （3 人称・男性・単数 1 格）

訳：そのリンゴはおいしいですか？

— はい，それはおいしいです。

(2) 正解 **2** sie （3 人称・女性・単数 1 格）

訳：そのスープは熱いですか？

— いいえ，それは冷たいです。

(3) 正解 **3** es （3 人称・中性・単数 4 格）

訳：君はその車をどう思いますか？

— 素敵だと思います。

(4) 正解 **2** sie （3 人称・複数 1 格）

訳：それらのリンゴはおいしいですか？

— いいえ，まだ酸っぱいです。

(5) 正解 **2** Sie （3 人称・複数 1 格）

訳：その靴をどう思いますか？ — とてもしゃれています。

97 頁（疑問詞）

(1) 正解 **1** Wer 　（人を表す：1 格）

誰がきょう来ますか？ — ヤンです。

(2) 正解 **4** Was 　（事物を表す：1 格）

君の趣味は何ですか？ — ダンスです。

(3) 正解 **3** Woher （出発地点；副詞）

君はどこから来たのですか？ — 日本からです。

(4) 正解 **1** Wo 　（場所；副詞）

君は今，どこに住んでいるの？ — ケルンです。

(5) 正解 **2** Wohin （方向；副詞）

君は夏，どこへ行きますか？ — 日本へ行きます。

101 頁（余裕学習　前置詞）

(1) 正解 **1** ヨッヘンはナナと教会の中から出て来ます。

(2) 正解 **2** アンケはバスでオフィスに行きます。

(3) 正解 **3** マリアは日曜日，友人たちのために料理をします。

(4) 正解 **4** 週末，彼は両親のところに行きます。

(5) 正解 **2** 私たちはきょう学食で食事をします。

102 頁 (余裕学習 《読んでみよう！》の訳)

森は緑色です。太陽は穏やかに照っています。
小川は静かに流れています。

A：「森」はドイツ語で何と言いますか？
B：Wald。
A：*der, die* あるいは *das* Wald ですか？
B：*der* Wald です。
A：そして「太陽」はドイツ語で何と言いますか？
B：*die* Sonne です。
A：では「小川」は？
B：*das* Bächlein です。
A：ははあ。*der* Wald, *die* Sonne そして *das* Bächlein。
B：その通りです！

先生は親切です。先生のネクタイは古くなっています。
私たちはネクタイを買います。
私たちは先生にそのネクタイをプレゼントします。
私たちはその先生が好きなのです。
先生（女性）は親切です。先生のスカーフは古くなっています。
私たちはスカーフを買います。
私たちは先生にそのスカーフをプレゼントします。
私たちはその先生が好きなのです。

彼は一人の女子学生を愛しています。しかし，彼女はそれに気づきません。
それで，彼は彼女に手紙を書きます：『私は君を愛しています』。
それを受け，彼女は彼に手紙を書きます：『私はあなたを愛していません』。
それは悲劇というものでしょうか？いいえ！それは喜劇というものです。

C 実践編
第5章 会話編
116 頁 (会話力 (1) ― 会話場面の特定)

(A) 正解 7 A：円をユーロに換えたいのですが？
B：おいくら換金なされますか？
A：5万円です。

(B) 正解 3 A：すみません，大学にはどう行けばよいのでしょうか？

13

　　　　　　　B：あそこのバスが大学に行きます。
　　　　　　　A：ありがとうございます。
（C）　正解　5　A：いらっしゃいませ，何になさいますか？
　　　　　　　B：スパゲッティをお願いします。
　　　　　　　A：お飲み物はいかがなさいますか？
（D）　正解　6　A：はい，どうぞ。
　　　　　　　B：記念切手がありますか？
　　　　　　　A：3番窓口に行ってください。
（E）　正解　1　A：いらっしゃいませ！
　　　　　　　B：ワンピースが欲しいのですが。
　　　　　　　A：サイズはおいくつですか？
（E）　正解　2　A：パスポートをどうぞ！
　　　　　　　B：はい，どうぞ！
　　　　　　　A：どれくらいドイツに滞在しますか？

123頁（会話力（2）― 会話文の完成）

（A）　正解　3　選択肢1は「それは何ですか？」
　　　　　　　選択肢2は「あなたは何を学んでいるのですか？」
（B）　正解　1　選択肢2は「そして眠るためには？」
　　　　　　　選択肢3は「そして食べるためには？」
（C）　正解　2　選択肢1は「メニューをください！」
　　　　　　　選択肢3は「おいしく召し上ってください！」
（D）　正解　3　選択肢1は「残念！」
　　　　　　　選択肢2は「さようなら！」

《テキストの訳》
　ウエートレス：（何になさいますか？）
　オカさん　　：フライドポテト付きカツレツを一つ，お願いします。
　ウエートレス：（飲み物はどうなさいますか？）
　オカさん　　：ビールを一杯，お願いします。
　ウエートレス：他にまだ何かありますか？
　オカさん　　：いいえ，それですべてです。
　　― 食後 ―
　オカさん　　：すみません！（お勘定をお願いします。）
　ウエートレス：フライドポテト付きカツレツを一つとビールを一杯ですので，

14

18 ユーロ 20 です。

オカさん　　　：20 ユーロで，（おつりはどうぞ。）これで合っています。

ウエートレス：ありがとうございます。

第6章　読解編

129 頁（読解力（1）── 内容把握）────────────

選択肢1　「ハンス」が「ニーナのボーイフレンド」かどうか。2 行目の文でアンケは「私のボーイフレンドはハンス」と述べているので，ハンスはアンケのボーイフレンド。したがって，内容的に**合いません**。

選択肢2　「アンケの女友達」が「音楽を専攻」しているかどうか。3 行目の文で，ニーナはアンケの女友達で，音楽を専攻していると述べているので，内容的に**OK**。

選択肢3　「犬の年齢」が「3 歳」かどうか。5 行目の文で飼っている「犬」が「6 歳」と，述べているので，内容的に**合いません**。

選択肢4　「アンケが獣医学を学ぶ」理由。最後の文で「動物のことが好き」で（deshalb は「そのため」），「獣医学を専攻している」と述べているので，内容的に**OK**。

したがって，**正解は 2 と 4**。

《テキスト訳》

ハロー！私の名前はアンケです。私は獣医学を専攻しています。

私のボーイフレンドはハンスといいます。彼はスポーツ科学を専攻しています。

私のガールフレンドはニーナといいます。彼女は音楽を専攻しています。

私は家で犬一匹と猫一匹を飼っています。

犬はダンという名前で，6 歳です。猫はハナという名前で，3 歳です。

私は動物がとても好きで，そのため，獣医学を専攻しているのです。

133 頁（読解力（2）── 情報の読み取り）────────────

選択肢1　会場が「カッセル」の「公園」かどうか。2 行目に「カッセルのゲーテ・シラー学校で」とありますので，一部，**一致しません**。

選択肢2　開催日が「5 月 7 日」「日曜日」かどうか。3 行目に「2016 年 5 月 7 日」「土曜日」とありますので，一部，**一致しません**。

選択肢3　「運営主体」が「生徒，親，教師」かどうか。5 行目に「生徒，親，教師によるもの」とありますので，内容的に**OK**。

選択肢 4 「販売物」が「子供服と**本**」なのかどうか。6 行目に，「子供服と**お
もちゃ**」とありますので，一部，**一致しません**。

選択肢 5 「4 ユーロ」で「ケーキ」が「好きなだけ」食べられるのかどうか。
7 行目に，「入場料 4 ユーロ」，「コーヒーと**一つのケーキ付き**」とあ
りますので，一部，**一致しません**。なお，1 Stück は einem Stück と
格変化させ，読みます。

選択肢 6 「学校の場所」が「カッセル」の「ブルーメン通り」かどうか。下か
ら 2 行目に，カッセルの都市名の前に「ブルーメン通り 5」とあり
ますので，内容的に **OK**。

選択肢 7 「問い合わせ先」が「ミュラーさん」かどうか。最後の文に，「ミュ
ラーさん」の名前が連絡先としてありますので，内容的に **OK**。

選択肢 8 「問い合わせ時間」が「月曜日から金曜日」「10 時から 14 時まで」
かどうか。最後の文に「月曜日から金曜日」「8 時から 13 時」とあ
りますので，一部，**一致しません**。なお，Mo. は Montag「月曜日」
の略，Fr. は Freitag「金曜日」の略。

したがって，正解は **3** と **6** と **7**。

《ちらしの訳》
のみの市
カッセルのゲーテ・シラー学校で
土曜日，2016 年 5 月 7 日
10.00 - 14.00
生徒，保護者，教師による，子供服とおもちゃののみの市
入場料：4 ユーロ(コーヒーとケーキ一切れが付きます)
ゲーテ・シラー学校，ブルーメン通り 5 番地，34117 カッセル
問い合わせ：ミュラーさん，月曜から金曜，8 時から 13 時まで

第 7 章　聞き取り編
（実戦トレーニングなし）

第 8 章　総仕上げ（模擬テスト）
144 頁(筆記試験問題) ─────────

1　**(a)**　正解　**2**　**kommt**　訳：ザビーネはベルリンの出身で，

　　(b)　正解　**3**　**ist**　訳：そしてピアニストです。

　　(c)　正解　**1**　**spricht**　訳：彼女はもう上手に日本語を話します。

16

(d) 正解 **1** **gehen**　訳：私たちはしばしば一緒にコンサートに行き
　　　　　　　　　　　　　　 ます。

2 (1) 正解 **2** **Der**　訳：私たちは犬を一匹飼っています。その犬は
　　　　　　　　　　　　　　アイコという名前です。

　 (2) 正解 **4** **ihn**　訳：この帽子をどう思いますか？
　　　　　　　　　　　　　 — とてもシックだと思います。

　 (3) 正解 **4** **meinen**　訳：私のおじをご存知ですか？
　　　　　　　　　　　　　　　 — はい，存じております。

3 (A) 正解 **4** **Garage** ガレージ
　　　　他は「乗り物」：Zug 列車，Auto 自動車，Schiff 船

　 (B) 正解 **2** **Schwester** 姉〈妹〉
　　　　他は「職業」：Arzt 医者，Polizist 警察官，Lehrer 先生

　 (C) 正解 **3** **gern** 喜んで
　　　　他は「時間の長さ」：sofort 即刻，bald まもなく，gleich すぐに

4 (1) 正解 **2** **Burg**［ブルク］山
　　　　Bürger［ビュルガー］市民／Garten［ガルテン］庭／
　　　　Gruppe［グルッペ］グループ

　 (2) 正解 **1** **Problem**［プロブレーム］問題
　　　　Beruf［ベルーフ］職業／Person［ペルゾーン］人／
　　　　Ende［エンデ］終わり

　 (3) 正解 **3** **normal**［ノルマール］ふつうの
　　　　froh［フロー］楽しい／oben［オーベン］上に／groß［グロース］
　　　　大きな

　 (4) 正解 **4** **Mensa**［メンザ］
　　　　A：私たちはきょうどこで食べましょうか？
　　　　B：きょうは学食で食べよう。いいですか？

5 (A) 正解 **4** A：まだ空き部屋ありますか？
　　　　　　　 B：はい。何泊お泊りですか？
　　　　　　　 A：2泊お願いします。

　 (B) 正解 **2** A：もしもし，ミュラーです。
　　　　　　　 B：こちらはハンスです。アンケはいますか？
　　　　　　　 A：ちょっとお待ちください。

17

（C）　正解　**3**　A：すみません，一番近い銀行はどこでしょうか？
　　　　　　　　B：そこのデパートの横にあります。
　　　　　　　　A：ありがとうございます。

6　（A）　正解　**1**　選択肢2は「お元気ですか？」
　　　　　　　　選択肢3は「あなたは何をお探しですか？」
　　（B）　正解　**3**　選択肢1は「他に何も…ない」
　　　　　　　　選択肢2は「別のものを…」
　　（C）　正解　**3**　選択肢1は「問題はありません」
　　　　　　　　選択肢2は「お金がありません」
　　（D）　正解　**2**　選択肢1は「コーヒーを一杯とそれにチョコレートケーキを一つ」
　　　　　　　　選択肢3は「紅茶を一杯とそれにチーズケーキを一つ。」

《テキストの訳》
　ウエートレス：こんにちは！（何になさいますか？）
　ハンス　　　：ビールを一杯，お願いします。
　ウエートレス：（他にまだ何か）お求めのものがありますか？
　ハンス　　　：いいえ，今，（お腹が空いていません）。
　ウエートレス：で，あなたは？
　ヤン　　　　：僕は（コーヒーを一杯とそれにチーズケーキを一つ）お願いします。

7

選択肢1　Kan が「ドイツ」に行き，Kaoru が「オーストラリア」に行くのかどうか。2行目の文で，カオルは「オーストリア」に行くとあるので，一部，内容的に**合いません**。オーストラリアは Australien［アオストラーリエン］。

選択肢2　Kan の訪れる「最初の場所」が「アレクサンダー広場」なのかどうか。3行目で，「最初にアレクサンダー広場を」とあるので，内容的に**OK**。

選択肢3　Kaoru の訪れる「最初の場所」が「ホテル『ザッハー』」なのかどうか。6行目で，Kaoru が「国立歌劇場の後に」ホテル『ザッハー』のカフェを訪れるとあるので，内容的に**合いません**。

選択肢4　Kaoru の「好物」が「ザッハトルテ」かどうか。7行目から8行目

の文で,「ザッハトルテ」を「喜んで食べる」とあるので,文章の
内容的に **OK**。

　したがって,**正解は 2 と 4**。

《テキストの訳》
　夏,カンとカオルはヨーロッパに行きます。カンはドイツにいきますが,カ
オルはオーストリアに行きます。
　カンはベルリンを訪れます。ベルリンでは最初にアレクサンダー広場を訪れ
ます。その後,ブランデンブルク門を訪れます。
　カオルはウィーンを訪れます。ウィーンでは最初に国立歌劇場を訪れます。
その後,ホテル「ザッハー」のカフェを訪れます。カオルはこのカフェのトル
テ,ザッハトルテを食べるのが好きなのです。

8

選択肢 1　「Tシャツ」が「おとな用」なのかどうか。上段囲みの1行目に für
　　　　　Kinder「子供用」とあるので,**一致しません**。

選択肢 2　「Tシャツ」に「黄色のものもある」のかどうか。上段囲みの最後の
　　　　　行に,gelb「黄」,weiß「白」とあるので,内容的に **OK**。

選択肢 3　「Tシャツ」が「定価より4ユーロ安くなっている」のかどうか。上
　　　　　段囲みの2行目に,~~EUR 7,99~~　EUR 4,99「~~7ユーロ99セント~~　4ユ
　　　　　ーロ99セント」とあるので(差額は3ユーロ),**一致しません**。なお,
　　　　　EUR はユーロの国際的略記号。4,99 Euro とも書きます。

選択肢 4　「スカート」が「34歳から42歳向け」なのかどうか。中段囲みの5
　　　　　行目の数字は Größe「サイズ」なので,そもそも**対応するものがあ
　　　　　りません**。

選択肢 5　「スカートの素材」が「ポリエステル」なのかどうか。中段囲みの4
　　　　　行目に,100% Polyester「100% ポリエステル」とあるので,内容的
　　　　　に **OK**。ただし,Polyester という単語はふつうの学習辞典の見出し
　　　　　語になっていませんね。

選択肢 6　「スカートを注文」するときの「電話番号」が「75 338 21 3750」な
　　　　　のかどうか。中段囲みの3行目の数字は Modellnummer「製品番号」
　　　　　なので,**一致しません**。

選択肢 7　「ジャケットの素材」が「綿100%」なのかどうか。下段囲みの4行
　　　　　目に,54% Baumwolle「綿」とあるので,**一致しません**。

選択肢 8　「ジャケットの色」が「黒,青,グレー」なのかどうか。下段囲みの

最後の行に，schwarz「黒の」，blau「青」，grau「灰色」とあるので，
内容的に **OK**。

　　したがって，**正解は 2 と 5 と 8**。

《カタログの訳》

- -

子ども用 T シャツ　　　　　　　　　　　　価格：~~7,99 ユーロ~~　4,99 ユーロ
製品番号：79 506 32 2517　　　　　　　綿　100%
サイズ：94, 98, 104, 110, 116　　　　　色：黄，白

- -

婦人用スカート　　　　　　　　　　　　　価格：~~39,90 ユーロ~~　34,90 ユーロ
製品番号：75 338 21 3750　　　　　　　ポリエステル　100%
サイズ：34, 36, 38, 40, 42　　　　　　　色：ローズピンク，オレンジ

- -

紳士用ジャケット　　　　　　　　　　　　価格：~~69,90 ユーロ~~　64,90 ユーロ
製品番号：73 945 22 4873　　　　　　　綿　54%, ポリエステル　46%
サイズ：S, M, L, XL, XXL　　　　　　　色：黒，青，グレー

- -

150 頁（聞き取り試験問題）

第 1 部

(1)　正解　3

　　放送文：Wir kaufen heute einen Fernseher und ein Fahrrad.
　　　　　　私たちはきょうテレビと自転車を買います。

(2)　正解　2

　　放送文：Jan hat einen Sportwagen. Er fährt gern Auto.
　　　　　　ヤンはスポーツカーを持っています。彼は車の運転が好きです。

(3)　正解　4

　　放送文：Entschuldigung, wie komme ich zur Bank?
　　　　　　── Hier geradeaus, dann an der Post links.
　　　　　　すみません，銀行へはどう行けばよいのでしょうか？
　　　　　　── ここをまっすぐに，そして郵便局のところを左に。

(4)　正解　7

　　放送文：Wie spät ist es jetzt? ── Es ist gleich sieben Uhr.
　　　　　　今，何時ですか？ ── もうすぐ 7 時です。

第2部

(5) **正解　2**（In Wien.「ウィーンです。」）

質問の放送文：

Wo lebt Eriko jetzt?　エリコは今，どこで暮らしていますか？

選択肢1は In Rom.「ローマで。」

選択肢3は In Paris.「パリで。」

(6) **正解　1**（Aus Rom.「ローマからです。」）

質問の放送文：

Woher kommt Anna?　アンナはどこから来ていますか？

選択肢2は Aus Wien.「ウィーンから。」

選択肢3は Aus Paris.「パリから。」

(7) **正解　2**（Kochen.「料理。」）

質問の放送文：

Was ist ihr Hobby?　彼女らの趣味は何ですか？

選択肢1は Essen.「食事。」

選択肢3は Lernen.「勉強。」

《冒頭の放送されたドイツ語テキストと訳》

Eriko lebt jetzt in Wien. Sie lernt Deutsch in einer Sprachschule.

Sie hat zwei Freundinnen. Sie heißen Anna und Emma. Anna kommt aus Rom und Emma aus Paris.

Am Wochenende kochen sie immer zusammen. Kochen ist ihr Hobby.

エリコは今，ウィーンにいます。彼女は語学学校でドイツ語を学んでいます。彼女は二人の女友達がいます。彼女らの名前はアンナとエマです。アンナはローマから，エマはパリから来ています。週末には彼女らはいつも一緒に料理をします。料理が彼女らの趣味なのです。

第3部

(8) **正解　2**

放送文　A：Kommst du aus Japan?　日本から来たの？

B：Ja. Mein Name ist Hiroko Tanaka.

はい。私のなまえはヒロコ・タナカです。

A：Stefan Schmidt.　シュテファン・シュミットです。

Hallo.　よろしく。

B：Hallo.　よろしく。

(9) 正解　1

放送文　A：Entschuldigung!　すみません。

　　　　　　Fährt dieser Bus nach Heidelberg?

　　　　　　このバスはハイデルベルクに行きますか？

　　　　B：Nein, der Bus fährt nach Mainz.

　　　　　　いいえ，このバスはマインツに行きます。

　　　　　　Ihr Bus ist da rechts.　あなたの乗るバスはそこの右のです。

　　　　A：Alles klar!　わかりました。

　　　　　　Vielen Dank!　どうもありがとうございました。

(10) 正解　3

放送文　A：Bitte schön?　ご注文は？

　　　　B：Ich hätte gern eine Tasse Kaffee und ... ein Stück Käsekuchen.

　　　　　　コーヒー一杯と，そして…チーズケーキを一つ。

　　　　A：Eine Tasse Kaffee und ein Stück Käsekuchen.

　　　　　　コーヒー一杯と，そしてチーズケーキを一つ。

　　　　　　Dank schön!　ありがとうございます。

《聞き取り用必須単語》─────────────────────

曜日（曜日名はすべて男性名詞）》

日曜日	☐ Sonntag	月曜日	☐ Montag
火曜日	☐ Dienstag	水曜日	☐ Mittwoch
木曜日	☐ Donnerstag	金曜日	☐ Freitag
土曜日	☐ Sonnabend（ドイツ北部・東部）		
	☐ Samstag（ドイツ西部・南部とオーストリア・スイス）		

月名（月名はすべて男性名詞）

1月	☐ Januar	2月	☐ Februar
3月	☐ März	4月	☐ April
5月	☐ Mai	6月	☐ Juni
7月	☐ Juli	8月	☐ August
9月	☐ September	10月	☐ Oktober
11月	☐ November	12月	☐ Dezember